# 金融政策［第2版］

小林照義［著］

ベーシック＋プラス
Basic Plus

中央経済社

# はじめに

80年代の好景気をもたらしたバブルが崩壊してから，すでに30年近くが経ちます。バブル崩壊後の日本経済は，「失われた20年」と呼ばれたように長期間にわたって停滞し続け，デフレ，不良債権問題および金融危機など，さまざまな苦境に直面してきました。

この間，政府や中央銀行はさまざまな手を打って景気の停滞を打開しようと試みてきました。景気対策としての政策には財政政策と金融政策の２つの手段がありますが，巨額の政府債務を抱える日本では，財政赤字をさらに悪化させる財政政策にあまり期待はかけられません。日本の財政状況は先進国の中でもダントツのワースト１位となっており，これ以上の政府債務の増加は避けなければならないからです。

そこで，日本銀行が行う金融政策に対して大きな期待がかけられることになります。90年代までの伝統的な金融政策における景気対策といえば，金利を低下させることが通常の手法でした。金利を下げることで設備投資や住宅投資を喚起し，景気の拡大や物価の上昇を促すわけです。

ところが90年代後半になると，金利をほぼゼロまで下げているにもかかわらず，景気や物価が依然として回復しないという状況に陥りました。金利にはもう下げ余地が無いなかで，より強力な金融緩和政策を必要とする事態が発生したのです。

このような状況を受けて，日本銀行は時間軸政策，量的緩和および信用緩和など，史上初めての試みとなる新たな金融政策を次々に実施していきます。これらの政策は，伝統的な金利操作による金融政策とは本質的に異なることから「非伝統的」金融政策と呼ばれ，国内だけでなく海外からも大きな注目を浴びました。アメリカや欧州など海外の中央銀行でも，日本銀行の後を追うようにして，類似した政策を採用しています。その意味で，日本銀行は「非伝統的」金融政策のパイオニアだといえます。

## ▶本書のねらい

本書の最大の目的は，経済学の専門的な知識を持たない読者にも金融政策の基本を理解してもらうことです。

金融政策の基本を理解するということは，単に実際の金融政策の内容を知ることだけではありません。日本銀行によって発表される金融政策の内容を知るだけでなく，金融政策の背景にある経済学的な考え方を理解することが非常に重要です。

なぜなら，日本銀行をはじめとする各国の中央銀行は，これまで積み上げられた経済学的な知見をベースにして政策決定を行っているからです。近年の中央銀行の政策は，経済学的な知識なくしてその本質を理解することは不可能といっても過言ではありません。

逆にいえば，近年の非伝統的金融政策のような新しい政策や，一見して理解が難しそうな政策内容であっても，ポイントを押さえた経済学的な知識があれば理解することは決して難しくありません。

本書では，金融とは何か，通貨とは何か，銀行とは何か，といった根本的な問題を経済学的に解説することから始め，徐々に金融政策について経済学的な見方を身につけられるように構成を工夫しています。

また，本書は金融政策のテキストですが，「日本経済を理解する」という大きな目標のための通過点として，金融政策の理解を位置づけています。したがって，本書はあくまでもマクロ経済学としての「金融政策論」であって，中央銀行の解説書ではありません。他の金融政策テキストで解説されているような中央銀行の歴史や業務の解説は必要最低限にとどめています。

本書は学部生向けの講義用テキストとしてだけでなく，金融関係のビジネスパーソンや，教養として金融政策を学びたい一般の方にも読んでいただけるように心がけています。金融政策は，実体経済に大きな影響があるにもかかわらず，専門家以外にはなかなかわかりにくい面もあります。本書は，専門的な内容も平易な言葉で説明することでそうした障壁を取り払い，「やさしい入門テキスト」ではなく，「やさしい本格派テキスト」となることを目指しました。

金融政策は専門性が高く，専門家以外の人の興味の対象となりにくいことは確かですが，かといって専門家だけで知識を共有するのではなく，基本的な知識は誰もが持っておくべきだと考えます。本書を読破することによって，１人でも多くの方に金融政策の理解を深めていただければ幸いです。

## ▶本書の構成

第２版の発行にあたり，改訂された点は大きく分けて次の３つです。

第１に，データに関する図表をアップデートしています。2015年の初版発行時から現在まで大規模な金融緩和が継続していることから，日本銀行の資産保有額で見た緩和規模は当時に比べて格段に大きくなっています。第２に，2015年以降に導入された政策，例えばマイナス金利政策や長短金利操作（イールドカーブ・コントロール）に関する解説を追加しました。これらは2015年当時では考えられなかった新しい政策枠組みのため，制度的な面も含めて丁寧に説明することを心がけています。第３に，マイナス金利の常態化に伴って近年議論になっているトピック（例えばリバーサルレート論やデジタル通貨など）を新たにいくつか紹介しています。

本書の大まかな構成は次のとおりです。

日本のマクロ経済を第１章で概観した後，第２～３章では金融，通貨，民間銀行について，経済学的な観点からその役割を説明します。第４章では，日本銀行の役割および金融政策における基本的な課題を解説します。

第５～６章では，近年の非伝統的金融政策を理解するための準備もかねて，金融政策の出発点である金融調節を詳しく説明します。第７章では金融政策の波及経路についていくつかの見方を紹介し，続く第８章では金利操作による伝統的金融政策を取り上げます。

その後，ゼロ金利・マイナス金利政策，長短金利操作および量的・質的金融緩和を含む「非伝統的」金融政策を第９～12章で，金融危機やプルーデンス政策を第13～14章で，それぞれ詳しく解説していきます。

各章末には，“Training”，“Discussion”，“Working”が設置されています。“Training”は練習問題を，“Working”は演習として実際にさまざまな作業をしてもらうための課題を，そして“Discussion”はさらに議論を深めるためのテーマを，それぞれ提供しています。本書で扱っている各テーマについてより深く学びたい方は，「さらに学びたい人のために」として参考文献を巻末に紹介していますので，そちらも参考にしてください。

## ▶謝　辞

本書を執筆するにあたって，多くの方々にご助言をいただきました。

特に，高橋亘氏には原稿を細部まで確認していただき，長年の日銀勤務経験に基づく貴重なご意見を多数いただきました。日本銀行に勤務した経験のない筆者にとって，その内実を知る方から率直なご意見を何度もうかがうことができたことは貴重な経験でした。

また，栗原裕氏，打田委千弘氏，英邦広氏，家森信善氏，北野重人氏，武藤一郎氏，西口健二氏および神戸大学経済学部４回生（当時）兵頭滉平君からもさまざまなコメントをいただきました。図表の作成に関しては，柴本昌彦氏および蓮井康平氏に多く助けてもらいました。

お世話になった方々にはこの場を借りて御礼を申し上げます。ただし，本書における誤りはすべて筆者自身の責任です。

最後に，毎日の研究・執筆生活を支えてくれる家族に感謝します。

2019年12月

小林照義

▶▶▶目次

# 第1章 金融政策と日本経済

Learning Points

▶金融政策の大きな目的は，物価やGDPなどで示されるマクロ経済を安定化させることです。しかし他方では，過去の金融政策が現在のマクロ経済状況をつくり出しているという側面もあります。
そのため金融政策とマクロ経済を切り離して考えることはできず，両方を同時に見ていくことが重要です。現在の金融政策を理解するためには，過去の金融政策や，その当時のマクロ経済状況も知っておかなければなりません。
▶本章では，1970年代以降の日本のマクロ経済を見ていくことで，現在の日本経済の立ち位置を確認しましょう。

Key Words

マクロ経済　ミクロ経済　インフレ　バブル

## 1 金融政策を学ぶために
マクロ経済学としての金融政策

### 1.1 マクロ経済とミクロ経済－曖昧な境界線－

金融政策を学ぶための準備として，はじめにマクロ経済やミクロ経済とは何かを考えてみましょう。

**マクロ経済**と**ミクロ経済**の違いというと，マクロ経済は国全体の経済活動のことを指し，ミクロ経済は個別の家計や企業の経済活動を指すという説明が一般的です。実際，ほとんどの経済学の入門テキストにはそう書かれています。

しかし，マクロ経済とミクロ経済は，実は明確な区別が難しい概念です。マクロ経済は，家計や企業といったミクロの経済主体から構成されているわけですから，ミクロの経済活動の集計がマクロ経済であると見ることができます。例えば，代表的なマクロ経済指標である**総消費**は，個々の消費をすべて足したものになっていますから，個別の（つまりミクロの）消費量が決まったあとで国全体の（つまりマクロの）総消費が決まることになります。この見方によれば，ミクロが先でマクロが後というわけです。

しかし現実には，家計や企業によるミクロの経済活動も大いにマクロ経済の影響を受けます。ミクロの経済活動というと，個々の消費者がコンビニでおにぎりを買うといったイメージが浮かびますが，そのような個別の意思決定であっても，多かれ少なかれ国全体の経済環境に左右されています。

例えば，ある人が何を買うかを決める際にはその人にどれだけの収入があるかが重要になりますが，代表的な収入源である給料は，その人が勤める会社の経営状態によって左右されます。

会社の売り上げは，商品である財・サービスを国内外問わずどれだけ多くの顧客に販売したかによって決まります。つまり給料を決める要素はもはやミクロではなく，マクロの経済状態がキーになってくるわけです。このような視点から見ると，マクロが先でミクロが後だともいえるのです。

## 1.2 金融政策とマクロ経済の関係

マクロ経済を考えるには，単にミクロの集合がマクロであるという一方通行の見方ではなく，マクロとミクロはお互いに影響を与え合う分離不可能な関係にあることを知っておくことが重要です。別のいい方をすれば，マクロとミクロはお互いにフィードバックがあるということもできます。

金融政策についても，マクロ経済とのフィードバックという視点は非常に重要です。金融政策は，不況時には景気拡大を目標にし，景気が過熱しているときには抑制する，という具合にマクロの経済状況に応じていわば受動的に対応します。しかしその一方で，過去の金融政策が現在のマクロ経済状況をもたらした，という能動的な側面もあります。

したがって，現在の金融政策を理解するためには，現在と過去のマクロ経済状況を知ると同時に，これまで行われた過去の政策の数々や，その具体的な内容も知っておく必要があるのです。そうしたマクロ経済と金融政策のフィードバックを頭に入れておくことで，金融政策や日本経済についての本質的な理解を深めることができるはずです。

以下では，1970年代以降の日本のマクロ経済状況を年代順に見ていきます。日本経済にとって重要なターニングポイントとなった70年代のインフレ，80年代のバブル現象，そしてバブル崩壊後の「失われた20年」の経済学的な意味を知ることで，マクロ経済と金融政策の関係性を浮き彫りにしていきましょう。

## 2 1970年代のインフレ
### 高インフレはなぜ悪なのか

### 2.1 高インフレの弊害

**インフレ率**とは，財・サービスの平均価格である**物価**が1年間に何パーセント上昇（あるいは下落）したかを示すマクロ経済指標です。インフレ率は経済指標の中でもメディア等で目にする機会が特に多い指標ですが，それには理由があります。

インフレは，スーパーなどで売られている商品の小売価格を平均的に上昇させますから，当然のことながら家計の消費行動に影響を与えます。また，賃金や年金および金利などを通じて私たちの収入を変化させるので，これも消費に何らかの影響を及ぼします。さらに，物価の変化は為替レートを変動させる要因にもなるため，輸出や輸入など国際的な経済活動もインフレと無縁ではありません。

インフレ率の変動は，数あるマクロ経済指標の中でも，経済活動に与える影響が最も大きいものの1つと考えられます。現在の先進国ではあまり大きな物価変動を経験することはありませんが，70年代から80年代前半にかけては，先進国を含め世界的に高いインフレ水準が続いていました。

図表1－1は，最も広く参照される**消費者物価指数**（consumer price index：**CPI**）と呼ばれる物価指標の上昇率を示したものです。

日本とアメリカでは，70年代から80年代前半のCPIインフレ率がほとんどの時期で5%を超え，10パーセントを超える時期もあったほどです。これほどインフレ率が高いと，経済活動においてさまざまな弊害が発生します。

以下では，代表的なインフレのコストとして①**強制的な所得再分配**，および②**価格のシグナル機能の低下**の2つを取り上げましょう。

### 2.1.1 強制的な所得再分配

仮にインフレ率を10%とし，100万円の借金をしている人がいるとしましょう。このとき，インフレによって財・サービスの価格が10%上昇するので，この人の生活費は10%増加します。ただし給料も同じく10%増加すれば，実質的な生活費の負担額は変わりません。

一方で，100万円という借金額はそのままですから，返済負担は実質的に軽減されることになります。所得が10%増えた状況で100万円を返済する

**図表1－1 ▶▶▶ CPIインフレ率**

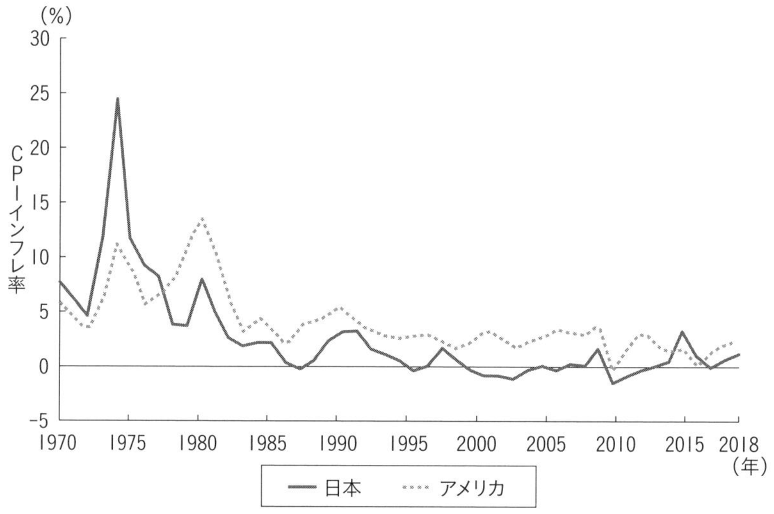


出所：日本…総務省統計局（帰属家賃除く総合），アメリカ…FRED（CPI all items）。

わけですから，実質的には約90万円の負担になるからです。

では，逆に100万円の貯蓄をしている人はどうでしょうか。金利を一定とすれば，貯蓄額は実質的には10%目減りすることになります。物価が10%上昇しているので，現在の100万円では昨年の約90万円分のモノしか購入できません。

このように，インフレは借金をしている人の負担を軽減する一方で，貯蓄を実質的に減少させます。言い換えると，インフレは貯蓄をしている人から借金をしている人へと所得を再分配することと同じ効果を持つのです。これを，インフレによる**強制的な所得再分配**と呼びます。

預金などの資産を持つ人にとってはインフレによって資産が実質的に目減りするわけですが，この目減り分は税金を取られているのと本質的に同じであることから，**インフレ税**（inflation tax）とも呼ばれます。

### 2.1.2 価格のシグナル機能の低下

物価が上昇しているとき，企業は物価上昇率を想定して価格を改定しようとしますが，すべての企業が一斉に価格改定を行うわけではありません。現実にはさまざまな理由から改定のタイミングにズレが生じますから，一時的に商品の**相対価格**が変化することは避けられません。

例えば，普段はそれぞれ170円と200円で売られているアンパンとカレーパンとがあるとします。ここでインフレが発生したことを受けて，アンパンのメーカーが220円に値上げしたのに対し，カレーパン業者の値上げが遅れたとしましょう。すると，本来はカレーパンより安いはずのアンパンが，インフレによって逆に高くなってしまいます。

価格には，その商品の価値を示す**シグナル機能**が本来備わっています。価格のシグナル機能のおかげで，無数の商品があっても商品ごとの相対的な価値の違いを簡単に知ることができるわけです。しかし高インフレの下では，価格が本来持っているそうしたシグナル機能が著しく低下してしまうのです。

### 2.2 高インフレはなぜ起こったか

では，なぜ70年代に高インフレが続いたのでしょうか。理由としては，大きく分けて2つの要因が考えられています。

1つ目は，**オイルショック**と呼ばれる石油価格の高騰です。石油価格が高騰した代表的な時期として，1973年の第1次オイルショックと1979年の第2次オイルショックがあります。石油は燃料や原材料として広範に利用され，生産活動には欠かせない資源です。この時期，石油価格の高騰に直面した企業は，生産活動におけるコスト増を賄うために生産財の価格を上げました。その影響で平均価格である物価が上昇を続けたというわけです。

2つ目は，金融政策の失敗であったとする見方です。確かにオイルショックによる物価の上昇圧力はあったものの，長期間にわたって高インフレが続いたのは，金融政策が緩和的だったことが理由だという説があります。当時は現在ほどインフレについての学問的な理解が進んでおらず，金融政策でどの程度引き締めたらインフレ率が低下するのかほとんどわかっていませんでした。また，政策を決定するためには政治的調整が必要で，実際に政策を実行するまでには長い時間がかかっていました。

インフレを抑えるために中央銀行が金融引き締めを行ったとしても，それが十分でない場合にはインフレを助長してしまいますし，最適なタイミングを逃せばインフレが過熱する時間を与えてしまいます。金融政策を適切に行ってさえいれば高インフレは避けられたという意味で，高インフレは中央銀行による過度の**金融緩和**の帰結であったとも考えられています。

## 3 1980年代のバブル現象
株価の上昇と好景気

### 3.1 急騰する株価

マクロ経済を議論する際に登場する**株価**とは，さまざまな個別企業の株価を平均したものを指します。例を挙げると，**日経平均株価**や**TOPIX（東証株価指数）**，**ジャスダックインデックス**などがあります。これらは東京証券取引所やジャスダックなど，株式を売買する取引所で取引された価格を利用して算出されています。

株価は，さまざまな点からマクロ経済にとって非常に重要な指標となります。例えば，株価が上昇すれば株を保有している家計は含み益が発生しますから，その収益を消費に回す可能性があります。株価の上昇が消費を増加させることを，**資産効果**と呼びます。

また株価の上昇は，企業の資金調達を容易にする面もあります。**設備投資**をするために新たな資金を確保したい企業は，株価が高いときには株式発行によって効率的に資金を調達することができます。それに加えて，株価の上昇は銀行貸出を活発化させるため，企業にとっては借り入れがしやすくなります（詳しくは第7章で説明します）。

### 3.1.1 株価の決まり方

ここで，個別の株価がどのように決まるのかを簡単に見ておきましょう。株価とは企業の発行する株式の取引価格ですが，基本的にはその株式を保有することで得られる**配当収益（インカムゲイン）**の総額で決まります。ただし将来得られる配当額は現時点ではわからないため，実際には投資家の予測する値（＝期待値）ということになります。

また，株式は売却時に値上がりしていれば**売却益（キャピタルゲイン）**をあげられます。ただし，将来値上がりしそうな銘柄は現時点ですでに将来の値上がりを織り込んで高い株価がつくので，購入時点で確実に売却益を確定させることはできません。

株式を保有するメリットには配当収益と売却益があるわけですが，株式が企業の資本であることを考えると，企業からの配当の総額によって決まるのが基本です。とはいえ，株式が売却益を生み出す金融資産である以上，将来の株価予測が現在の株価を決めるという面もあります。

前者は株価の決定における**ファンダメンタルズ要因**と呼び，後者を**バブル**

**要因**と呼びます。このとき，次の関係式が成立します。

| **株価　＝　ファンダメンタルズ要因　＋　バブル要因** |
|---|

この株価の決定式は，シンプルですが非常に重要な意味を持っています。株価は２つの要因の和で表現されるにすぎないので，成立した株価だけを見ても，どれだけがファンダメンタルズ要因で，どれだけがバブル要因で成り立っているのかがわかりません。人々は株価がファンダメンタルズで決まっていると思っていても，実はバブル要因が大きかったということもあり得るのです。

### 3.1.2 バブル経済の発生

80年代半ばから後半にかけて，日本の株価は急速に上昇していきました（**図表１－２**）。この株価上昇を受けて，家計の消費意欲は高まり，企業の投資も活発化していきます。それと同時に土地の価格も急速に上昇したため，土地を担保とした銀行貸出も活発に行われました。

こうした状況のなか，日本経済は空前の好景気に沸くことになります。急激な株価や地価の上昇をうけて，本業ではなく「財テク」と呼ばれる土地や金融商品の売買によって稼ぐ企業も多く出てきました。この時期，「財テクブーム」によって株式や土地を持っている人は大きな財産を得たことから，「持てる者」と「持たざる者」の格差が大きな社会問題となりました。

今ではほとんどの人がこの時期はバブルであったことに同意しますが，実はバブルの最中は，ほとんどの人がファンダメンタルズ要因で株価が形成されていると考えていました。企業収益が増加し，それに伴って配当が増加しているのだから，株価が上昇するのは当然だと見ていたわけです。

前述の式からも明らかなように，株価がバブルかどうかを判断することの難しさは，ファンダメンタルズを知ることができないことの裏返しです。配当収益の総額がわかればいいのですが，将来の配当額は予測するしかなく，株価の上昇が配当収益の期待値が高まったためなのか，それとも売却益の期待値が高まったからなのかが区別できないのです。

## 3.2 なぜバブルは止められなかったか

これほど急激な株価上昇があれば，本来なら金融政策によって景気拡大をペースダウンさせるような対応がなされるはずです。しかし当時の日本銀行は，景気を抑制するための十分な金融引き締めはしていなかったと考えられています。

では，金融政策で十分な対応がなされなかったのはなぜでしょうか。理由は大きく分けて２つ考えられます。

第１に，80年代は株価や地価が高騰していましたが，一方で物価に目をやると，この時期はそれほど上昇していませんでした。通常なら景気が過熱している時期はインフレ率も高まるため，株価上昇に伴ってインフレ率が大きく上昇したはずです。インフレが発生していれば，強い金融引き締め政策

**図表1－2 ▶▶▶株価と経済成長率**

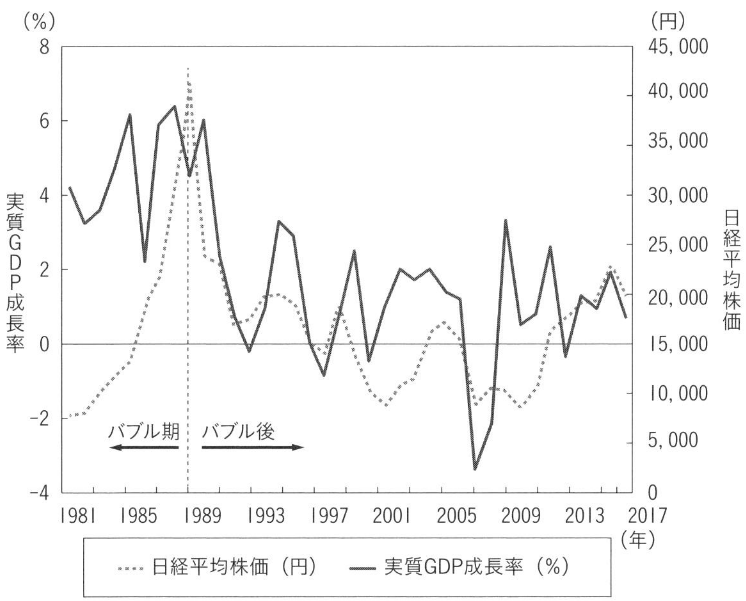


出所：日経平均プロフィル（終値），総務省統計局。

が行われていたとしてもおかしくありません。

実はこの時期は，1985年の**プラザ合意**をうけて，為替レートは大幅に円高になっていました。円高は輸入品の円建て価格を低下させるため，オイルショック時とは逆に，物価の下落圧力がかかっていたのです。

第2に，1987年10月，アメリカのニューヨーク株式市場で株価の暴落が発生しました（**ブラックマンデー**）。この状況で日本が金利を上げれば，金利の高い円が買われてドルが暴落する恐れがあり，国際協調の観点から日本は金利引き上げを見送ったといわれています。

# 4 「失われた20年」 バブル崩壊と景気の長期停滞

## 4.1 バブル崩壊

1980年代後半に急騰した株価も，1990年に入ってから急落します。前述のように株価は2つの要因から形成されるわけですが，そのうちのファンダメンタルズ要因がこれほど急に下落すると考えるのは不自然です。

より自然な解釈は，次のような説です。将来の売却益を期待して株を保有していた投資家の心理が，株価下落を受けて値下がり期待に変わり，損失を最小限に抑えようと株が売られ，それがさらなる株価下落を引き起こす悪循環が発生した，というものです。

つまり，80年代の株価急騰の要因は，ファンダメンタルズではなくバブルであったということです。株価がバブル要因で大きく左右されるときは，皆が上昇すると思えば株を買い，それが実際に株価を上昇させることを繰り返します。これを**自己実現性**と呼びます。この自己実現性が，90年代には株価下落の方向に働いたと考えられます。

**図表1－3▶▶▶失業率と株価**

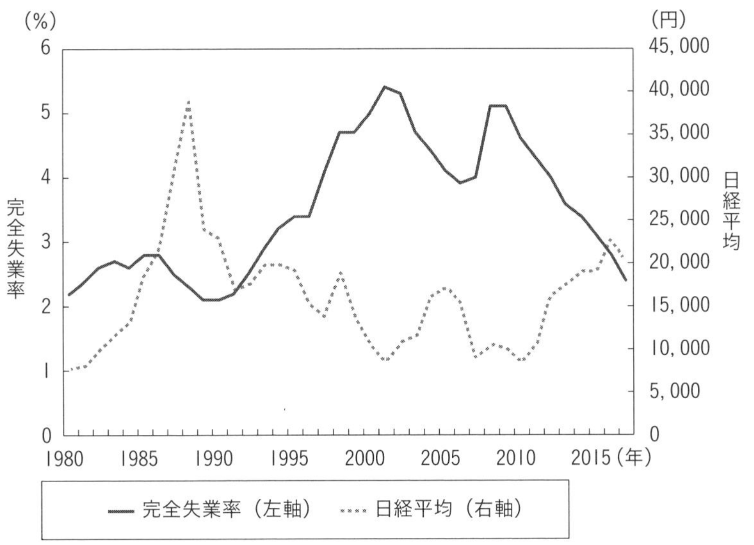


出所：日経平均プロフィル（終値），総務省統計局「労働力調査」。

## 4.2 バブルの後遺症

株価がこれだけ下落すると，株価が上昇していた80年代に起こっていたことが逆向きに効果を発揮し始めます。例えば，資産効果はバブル期には消費を拡大しましたが，バブル崩壊後の資産価値の下落は消費を下振れさせる圧力となりました。これは**逆資産効果**と呼ばれる現象です。

また，財テクにいそしんでいた企業は大きな損失を抱え，多くの企業が倒産しました。企業が倒産すれば，その企業で働いていた労働者が解雇されるだけでなく，取引先の収益も悪化させることで雇用はさらに減少し，その結果として**失業率**が高くなります（図表１－３）。

株価の大幅な下落はこれ以外にもさまざまな悪影響をもたらしますが，なかでも重要なものは，銀行への影響です。

## 4.2.1 不良債権問題と貸し渋り

銀行は，主として預金者からの預金によって資金を集め，資金が必要な家計や企業に対して利ざやをのせて貸し出すことで収益を得ています。銀行といっても利益を追求する企業に他なりませんから，資金が必要な相手なら誰でも貸すわけではなく，将来確実に返済してくれそうな相手にしか貸しません。

その点，バブル期には多くの企業が右肩上がりで収益をあげていましたから将来の返済可能性は高いと考えられ，各銀行は競って貸出を増やしていきました（**図表１－４**）。また，担保として土地が差し出されていれば地価が上昇している限りは損をすることはありませんから，この点でも銀行は安心して貸出を行っていました。

ところがバブルが崩壊すると，企業の経営状態が悪化し，多くの貸し倒れが発生します。さらには地価が下落したことで担保価値も下がったため，巨額の銀行貸出が回収不能となりました。このような回収不能になった貸出や回収不能になる確率が高い貸出は，**不良債権**と呼ばれます。

銀行は，企業に対する新規の貸出を大幅に減少させ，それによって企業の

**図表１－４ ▶▶▶ 貸出残高**

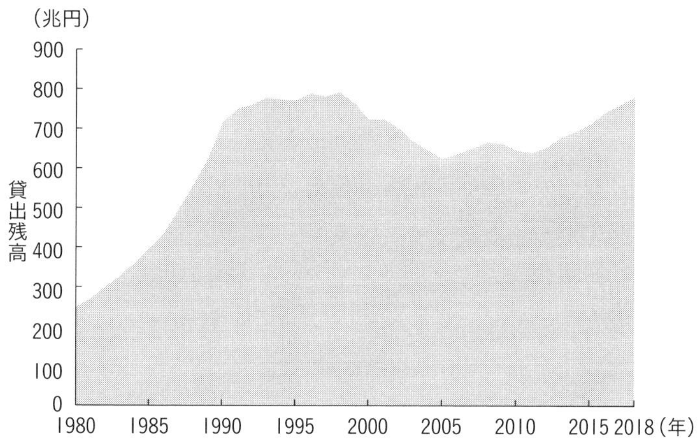


出所：日本銀行（預金取扱機関の貸出 / ストック）。

資金繰りは急速に悪化しました。当時の銀行は,「**貸し渋り**」や「**貸し剥がし**」と表現されるほど,急激に貸出態度を厳しくしたのです。

図表1－5は,**日銀短観**で発表されるDI（Diffusion Index）と呼ばれる指標です。日銀短観とは,日本銀行が約1万社を対象として行ったアンケート調査を基にして作成されたレポートです。

資金繰りDIが0より大きければ,「資金繰りが楽」と考えた企業が「資金繰りが苦しい」と答えた企業よりも多いことを意味します。同様に,貸出態度DIが大きいほど,「金融機関の貸出態度は緩い」と答えた企業が「厳しい」と答えた企業よりも多いことを示しています。この図から,バブルが崩壊した1990年や金融危機が発生した1997年において,大きく資金繰りが悪化していることがわかります。

資金を得られなくなった企業は,新たな設備投資ができなくなるだけでなく,ひどい場合には従業員の給料が払えなくなったり,借り入れの返済ができなくなったりして倒産に追い込まれました。よく,「銀行は晴れているときには傘を貸すが,雨が降ったら取り上げる」といわれますが,多くの企業がまさにそうした状況に直面していました。

**図表1－5 ▶▶▶企業の資金繰りＤＩ**

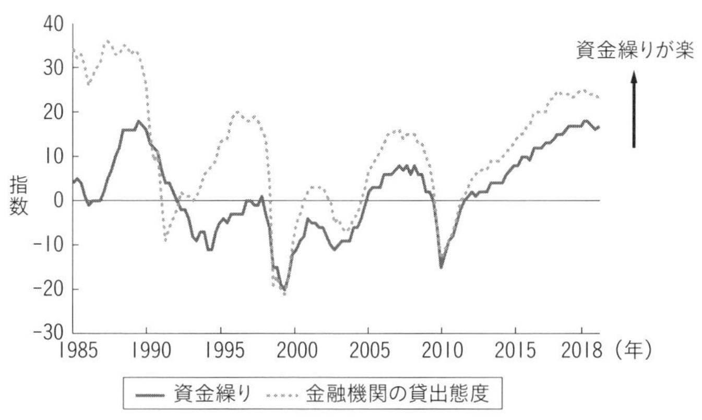


出所：日銀短観。

### 4.2.2 経済成長率の低下と「ゾンビ企業」

一方で，銀行が抱える巨額の不良債権が問題になっていた当時，実質的には明らかに破綻しているはずが，銀行からの借り入れが続いているためにそれが表面化しない「**ゾンビ企業**」の存在を，多くの専門家が指摘しています。

銀行にとっては，そうしたゾンビ企業が運よく立ち直ってくれれば不良債権を出さずにすみます。そのため，不良債権を増やしたくない銀行としては，「**ゾンビ貸出**」あるいは「**追い貸し**」を行うインセンティブがあるわけです。

このようなゾンビ貸出が問題なのは，ゾンビ企業は本来倒産している企業ですから，**生産性**の低い企業が多いという点です。本来であれば生産性の高い企業が生き残り，そうでない企業は市場から退出することで市場経済の効率性が保たれますが，退出すべき企業が生き残ることになれば，市場全体が非効率化します。

実際に，多くの専門家が2000年代に日本の生産性が低下したことを指摘しています。その生産性低下の一因として，ゾンビ企業の存在があったと考えられているのです。

企業の生産性が高まることは，経済成長するための必要条件でもあります。このことを考えると，銀行の「ゾンビ貸出」あるいは「追い貸し」によって低生産性企業が市場から退出していかないことが，日本全体の生産性の上昇を阻害し，20年以上にわたって景気回復を遅らせている可能性も否定できません。バブル崩壊後の長引く不景気に対し，皮肉をこめてこの時期を「**失われた10年**」と呼ぶことが以前は多かったのですが，その後「失われた20年」や「失われた30年」と呼ばれています。

## Working　調べてみよう

1. 高インフレが発生し始めた70年代前半と現在を比べ，同じ商品でどれくらい値段が違うのか調べてみましょう。
2. バブルは，日本だけで発生した現象ではありません。世界における過去のバブルの例を調べてみましょう。
3. 80年代以降の日本と海外の失業率を比較してみましょう。

## Discussion　議論しよう

1. マクロ経済に影響を受けるミクロの経済活動には，どのようなものがあるでしょうか。逆に，マクロ経済に影響を受けないミクロの経済活動はあるでしょうか。
2. インフレが望ましくない理由は，本章で説明した内容の他にどのようなものがあるでしょうか。

# 第2章 金融と通貨の意味

Learning Points

▶この章では，金融の役割に焦点を当てます。
近年の日本経済を知るためには，バブル期の銀行貸出の増加やその後の貸し渋り，および不良債権問題など，金融部門での出来事を理解することが大事です。金融政策を学ぶ上でも，それが金融部門を舞台にして行われる政策である以上，金融の基本は理解しておく必要があります。

▶本章では，金融部門におけるさまざまな現象を理解するために，金融とは何かを考えることから始めましょう。

Key Words

**異時点間の代替　金利　通貨の機能　物価水準**

## 1 金融とは何か
### お金を貸し借りすることの意味

### 1.1 金融の存在理由

金融とは，資金が余っている経済主体から不足している経済主体へと，資金を移動させることを指します。要するに，お金が余っているところから足りないところへ貸すということですが，経済を理解する上では極めて重要な概念です。なぜ重要なのかというと，金融の存在は，私たちの意思決定の選択可能性を大きく広げているからです。

身近な金融の例として，奨学金制度を考えてみましょう。仮に，大学生活の数年間は低収入でも，長い目で見たら大学に通うことが最も生涯賃金を高くするとしましょう（もちろん例外もありますが）。もし奨学金制度がなく，学費を払えないがために大学に行くことができなければ，生涯賃金は下がります。大学を卒業する能力はあっても，現時点で資金が無いという理由だけで高い収入を得る機会が奪われることになります。

ところが奨学金によって学費を借り入れることができれば，大学を卒業して高い生涯賃金を享受できます。そして得られた高い賃金で，奨学金を返済すればよいのです。

### 1.1.1 異時点間の代替

金融のメリットは，現時点から将来にかけての一定期間で収入が見込まれれば，その期間を通じた収入を現時点で享受できる点にあります。現時点では収入が無くても，将来の収入を前借りすることができ，それによって現時点での選択肢が拡大するのです。言い換えると，経済活動を行う上で制約となる「所得」は，現在の収入ベースではなく，将来の収入をも含めて考えることができるわけです。

金融が存在する経済においては，どれだけ消費するかという問題は，現時点の所得をどれだけ使うかではなく，生涯所得のうちどれだけを現時点に振り分けるか，という問題になります。こうした通時的な振り分けを，**異時点間の代替**と呼びます。この異時点間の代替を可能にすることこそが，金融の本質だといえます。

将来の収入を現時点で使用するケースを例として挙げましたが，逆に現時点の収入にゆとりがある場合は，貯蓄をすることで将来の消費に使うことができます。異時点間の代替とは，一般には現在と将来の「所得」の増減を柔軟に調整することを意味します。

もし異時点間の代替が不可能であれば，各時点の消費額はその時点の所得額に大きく左右されることになります。しかし一般に消費者は**リスク回避的**で，消費が毎期大きく変動するような事態は避けたいと考えるのが普通です。

金融によって異時点間の代替が可能になるからこそ，一時点の所得に制約されないような消費活動を行うことが可能になり，**消費の平準化**を達成できるのです（図表２－１）。

**図表2－1 ▶▶▶消費の平準化**

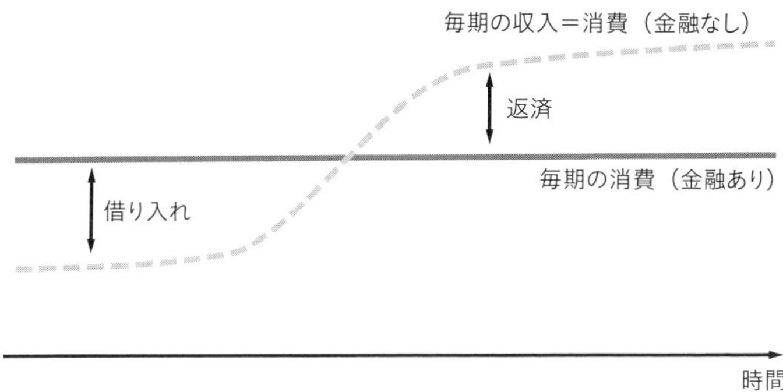




## 1.2 金利とは何か

異時点間の代替が可能になることで私たちの選択の幅が広がるわけですが，この恩恵を受けるためにはそれなりの対価を支払う必要があります。資金を借りることによって得られる便益に対して支払う価格，それこそが**金利**にほかなりません。

価格というと，普通は鉛筆１本50円といったモノの値段を指しますが，金利はお金を貸すというサービスの値段だと解釈できます。金利も一種の価格である以上，その水準は他の財と同様に需要と供給のバランスによって決まります。

例えば，今すぐ消費をするために資金を借りたい人が多くなると，資金需要が高まって金利は上がります。逆に，将来の消費のために今は貯蓄を増やそうという人が多くなれば，資金供給が多くなって金利は下がります。

日本では2000年代以降，金利が低い状態が長く続いていますが，これは資金需要が少ないために，お金を貸すというサービスの価格が下がっていることを意味します。裏を返せば，お金の供給が需要に対して過剰な状態になっているのです。

理論的には金利は市場で決まると考えますが，実務的に見れば，貸出金利は各銀行によって提示されるものです。これは，財の価格を小売店が提示しているのと同じことです。ではどのように銀行が金利設定を行うかというと，これも財価格と同様で調達コストに大きく依存します。

銀行にとっての調達コストは，預金者に支払う預金金利や，他に投資した場合の**機会費用**として国債金利などが基準にされます。貸出の際には，その資金を国債など他の資産に投資していれば得られたはずの金利収入を犠牲にするわけですから，その捨てた金利は費用として考えるのです。

預金金利や国債金利が上がると，銀行は貸出を行うためのコストが大きくなりますから，貸出金利も引き上げる必要があります。したがって，調達コストのベースになる金利が変動すると，他の金利もそれにあわせて変動することになります。

金利の種類には，国債金利，預金金利，貸出金利，長期金利，短期金利と，さまざまな種類がありますが，それらの金利は決して他の金利から独立して決定されているわけではなく，密接な相関を持って変動しています。この点については第８章で詳しく説明します。

## 1.3 企業の生産活動と金融

企業にとって，金融とはどのような存在でしょうか。企業によっては手元に資金がたくさんある場合もありますが，多くの場合は何らかの手段で資金を調達し，それを原資として設備投資をしたり，従業員に賃金を払ったりします。なぜ資金調達が必要かといえば，当然ですが，生産活動を行う段階ではまだ売り上げが無いからです。

消費の制約となる「所得」には将来の収入も含めることができる，と前に述べましたが，企業にもこれが当てはまります。企業が生産活動を行うためには設備投資や賃金の支払いが必要ですが，そのための資金は，その資金を用いて生み出される将来の売り上げを前借りする形で借り入れることができます。

とりわけ創業期の企業は初期投資の資金が必要で，操業を始めてから何年もの間赤字を出す企業も少なくありません。それでも操業を続けられるのは，将来黒字になることを見越して資金提供を行う誰かがいるからです。

一時的に赤字でも資金提供を行い，将来黒字化したときに金利を上乗せして回収できれば，借入企業も貸手側も，双方が利益を得られます。また，それは社会的にも望ましいことです。金融が存在するおかげで，将来の売り上げが期待できるアイデアさえあれば資金がなくても新規参入が可能になり，さまざまな商品が世に送り出されることになります。

新規参入企業が増加することは，商品のバラエティーが増えるという消費者にとってのメリットだけでなく，参入企業が多くの労働者を雇用することで人的資源の有効活用にも貢献し，国全体の経済成長につながります。

アメリカのカリフォルニア州にあるシリコンバレーでは，銀行とは少し違いますが，ベンチャーキャピタルと呼ばれる投資家が多く存在しており，優れたアイデアを持つ起業家に対しては巨額の投資を行います。

具体的には，ベンチャー企業の株式を買う形で生産活動に必要な資金を提供します。もちろん投資がうまくいかず損失を出すリスクもありますが，投資先のベンチャー企業が成功した場合には，値上がりした株式を売却することでリスクに見合った収益が得られます。こうした金融の充実が，現在のアメリカのIT 産業における地位を支えているといっても過言ではありません。

## 2 通貨とは何か
### 通貨の持つ3つの機能

経済において大きな意義を持つ金融も，その機能を発揮するためには実はあるモノの存在を必要とします。それは，**通貨**です。

通貨と聞くと，紙幣や硬貨を思い浮かべるかもしれませんが，経済学ではそれに加えて預金なども通貨の定義に含みます。この点は後述することにして，とりあえずは紙幣や硬貨を通貨と考えましょう。

経済学的に見ると，通貨には①**価値貯蔵機能**，②**価値の尺度**，③**交換手段**という3つの機能が備わっています。以下ではこれらを順に見ていきましょう。

## 2.1 通貨の価値貯蔵機能

通貨の**価値貯蔵機能**とは，将来にわたって現在の価値を保存することができる機能を指します。もし通貨にこうした機能がなければ，貯蓄をすることで価値が目減りしてしまうことになり，現時点の収入はすぐに消費しなければならなくなります。

例えば，捕ってきた魚を売って通貨を手にしても通貨の価値がすぐに下がるのであれば，すぐに何かを買いに行くか，もしくは魚を売らずに自分で食べるしかありません。こうした状況では，現在の消費は現時点の収入に制約されることになってしまいます。

前述のように，金融の本質は，現時点と将来時点の間での異時点間の代替を可能にすることにありました。実はこのとき大前提となっているのが，時間を通じて価値を保存できる通貨の存在なのです。その意味で，通貨の価値貯蔵機能は金融にとって根本的に重要な役割を担っています。

### 2.1.1 物価変動と異時点間の代替

もし通貨価値が大きく下落するのであれば，現在と将来で消費額を分配することができなくなってしまいます。そうした通貨価値の下落こそが，インフレにほかなりません。

例えば，10%のインフレが発生し，これまで5,000円で売っていたセーターが5,500円になったとしましょう。このインフレは，セーターの価値を10%高めたのではありません。セーターの価値が高まったのではなく，通貨価値が下がったことを意味しています。これまで1,000円札5枚と交換できたセーターが，プラス500円を出さないと交換できなくなったわけですから，通貨価値は10%下がったことになります。

また，通貨価値が必ずしも下落しなくても，通貨価値が不安定になるだけでも異時点間の代替は困難になります。最適な異時点間の代替を行うためには，現在の消費を我慢することで得られる将来の消費の増加分を，現時点で予測することが必要だからです。

インフレ率が高いときは，一般にインフレ率の変動も大きくなります。インフレ率の変動が大きくなるということは，将来の通貨価値が大きく変化する可能性が高くなり，将来に消費できる量を予測することを難しくします。

インフレは現時点の通貨価値を下落させるだけでなく，将来の通貨価値の予測可能性を低下させることを通じても，異時点間の代替を歪めるのです。

## 2.2 価値の尺度としての通貨

次に，**価値の尺度**としての通貨の機能を見てみましょう。単純化するために，まず通貨の存在しない経済を想定します。この経済には，魚・セーター・靴の３種類の商品があるとします。通貨がありませんから，○○円といった価格もありません。

いま，セーター１枚を手に入れるためには魚が５匹必要で，靴１足を手に入れるためには魚が７匹必要だとします（**図表２－２**）。すると，セーター１枚＝魚５匹，靴１足＝魚７匹と書けますから，魚の単位表示で見ればセーターよりも靴の価値が高いことは容易にわかります。ところが，セーターを持っている人が魚を買うときには，魚１匹＝セーター1/5枚などと単位を変えて表す必要があります。

このように，何か特別な共通尺度がない場合は，支払いに使用される財ごとに単位を変えなければならないので非常に煩雑です。理論上は計算すればすべての財の組み合わせについて相対価値が求まるわけですが，それは現実的ではありません。

しかし通貨という共通の尺度が存在すれば，すべての財の価値を円という単位で統一でき，さまざまな財の相対価値の比較が容易になります。価値の尺度が統一されているからこそ，スーパーで買い物をするときに，どれにしようかと複数の商品を見ながら検討することができるわけです。

### 2.2.1 価値の尺度機能と為替レート

こうした通貨の利便性は普段はあまり意識されませんが，海外旅行などの

図表2−2 ▶▶▶価値の尺度機能

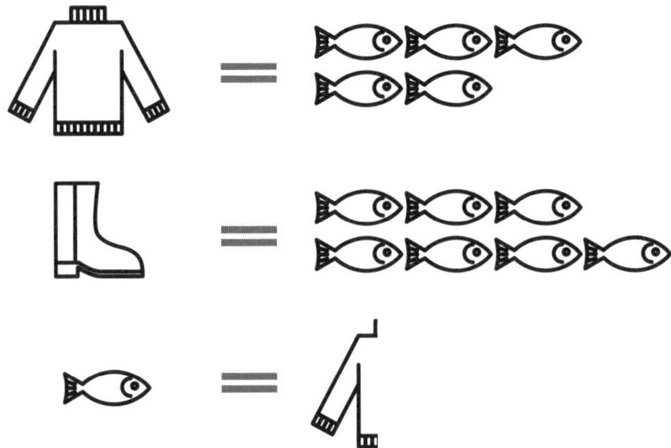

際には実感しやすくなります。例えば，アメリカでサングラスが56ドルと言われたときに，そのサングラスが高いのか安いのかはどう判断するでしょうか。恐らく，まず56ドルを円表示だといくらになるかを計算して，それから日本で売っているサングラスの相場と比較するのではないでしょうか。

このような単位変換は慣れないと不便を感じますが，その不便さは，通貨の価値尺度としての機能が低下していることに原因があります。多くの場合，国ごとに独自の通貨単位を持っていますが，同時にそれは国ごとに価値尺度が異なることを意味します。**為替レート**は，そうした国と国との価値尺度の比率を表すものにほかなりません。

日本については，海外旅行のときくらいしか価値の尺度機能を実感することはありませんが，日常的に人々が国境を行き来する欧州のように，多くの国が経済的に密接な関係にある地域ではそうはいきません。欧州では，国をまたいだ経済活動のウェイトが高く，異なる通貨を使用することで生じる価値の尺度機能の低下は非常に大きくなります。1999年に統一通貨ユーロが導入された背景には，通貨が本来持つべき価値の尺度機能を取り戻す意味があるのです。

## 2.3 交換手段としての通貨

最後に**交換手段**としての機能ですが，これについても物々交換の経済を考えます。AさんとBさんは，それぞれ魚とミカンを持っているとしましょう。ここで，Aさんはミカンを欲しがっているとします（図表2－3）。Aさんは，Bさんに対し，自分の持っている魚と，あなたの持っているミカンを交換してほしいと頼みます。このとき，もしBさんが魚を欲しがっていれば取引成立です。しかし，Bさんが別のものを欲しがっていれば，魚はいらないので取引は成立しません。

この例からわかるように，物々交換の経済で取引が成立するためには，お互いが相手の欲しいものを持っている必要があります。これを，**欲求の二重の一致**といいます。

現実の世界で，欲求の二重の一致が成立するような相手を見つけることは非常に困難です。しかし，誰もが欲しいと思う共通のモノがもし存在すれば，その困難は解消されます。そのモノを媒体として，誰とでも取引を行うことができるからです。

通貨は，まさにその媒体の役割を担っています。先ほどの例でいえば，Bさんが通貨を欲しがっているとすれば，AさんはBさんに対してミカンの対価としての通貨を支払うことで取引が成立します（図表2－4）。Bさんは，魚はいらなくても，通貨であれば交換に応じるわけです。媒体として通貨が存在するおかげで，相手が本当は何を欲しがっているかを考えることなく，さまざまな相手との取引が可能になるのです。

### 2.3.1 人々はなぜ通貨を持つのか

では，なぜ人々は通貨を欲しがるのかという疑問が生じますが，これは非常に難しい問題です。そもそも，人々が欲しいのはミカンなどの実体のある商品であって，通貨そのものには本来価値などありません。通貨は，財やサービスの取引を可能にしてくれるという点においてのみ価値があるに過ぎないのです。

**図表2－3 ▶▶▶欲求の二重の一致**

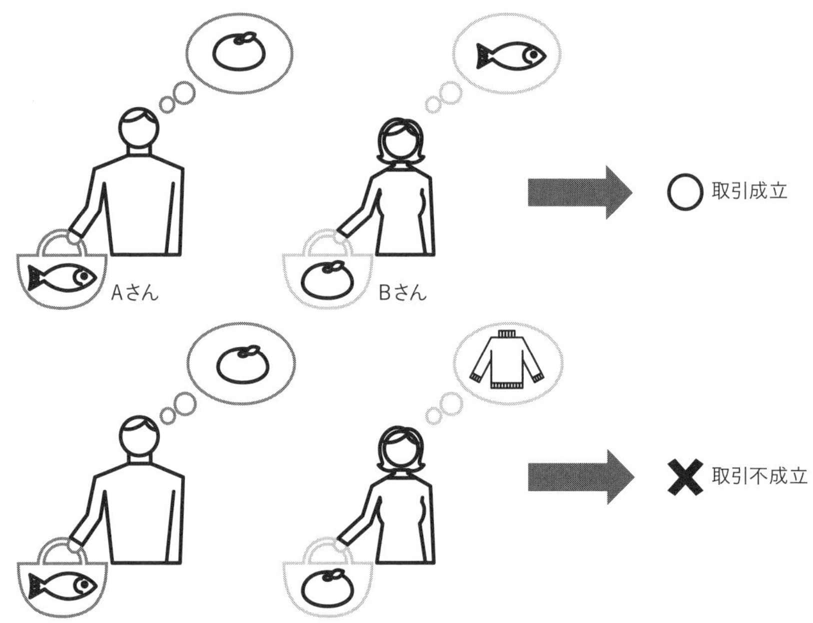


通貨は財・サービスの取引を可能にするわけですが，通貨を受け取る側としては，その通貨がまたどこかで使用できるということを前提にして受け取ります。「どこかで使用できる」ということは，他の人々も通貨を欲しがっていることを意味していますから，結局のところ，自分が通貨を受け取るのは，他の人々が通貨を欲しがっているからだ，ということになります。

このように考えていくと，「人々がなぜ通貨を欲しがるか」という問いの答えは，「人々が通貨を欲しがるからだ」というトートロジー的な答えに行き着いてしまうのです。

## 2.4 物価は決まらない？

物価の上昇が通貨価値の下落であることはすでに述べましたが，では物価の水準そのものはどのように決まるのでしょうか。

図表2－4 ▶▶▶ 交換手段としての通貨

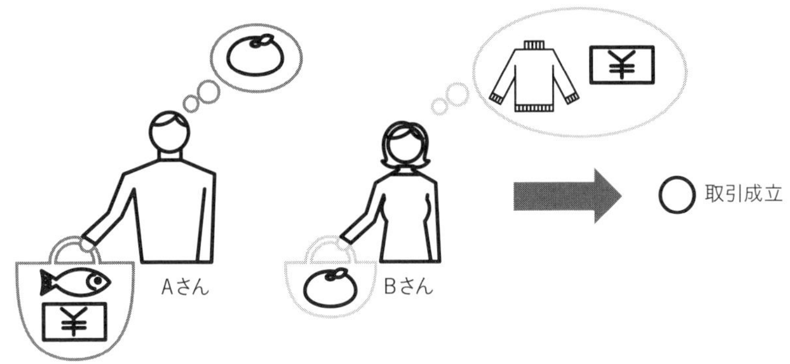




## 2.4.1 ミクロの価格とマクロの物価

物価とはさまざまな個別価格の平均ですから，個別価格が決まることで物価水準が決まるというのは自明に思えます。ミクロの価格が決まってから，マクロの物価が決まるという見方です。

しかし，実際はそう単純な関係ではありません。例えば，もし何らかの要因で通貨供給が急に増加すると（例えばヘリコプターで紙幣をばらまくなどすると），通貨価値は下落するので，物価水準は上昇します。すると，平均価格である物価が上昇するわけですから，個別の価格も平均的に上昇していなければいけません。この場合は，マクロの物価が先に決まった後でミクロの価格が決まることになり，先ほどとは逆の方向になります。

ミクロからマクロか，それともマクロからミクロなのか，どちらの因果性が正しいのかという問いが生じますが，実はどちらも正しいといえます。物価は価格の平均ですから個別価格の変化を反映しますし，その一方で，物価が変動することが，個別価格へも影響を与えます。第1章の冒頭で述べたように，ミクロとマクロはお互いにフィードバックしているのです。

このことを踏まえたうえで，次は物価水準がどのような値に決まるのかを考えてみましょう。

### 2.4.2 中央銀行が通貨量を操作するケース

通貨需要を一定とすると，通貨供給量が増えれば通貨価値が下がりますから，物価水準は上昇します。逆に，通貨供給量を減少させれば，物価水準は下落します。

こう考えると，もし中央銀行が通貨量を決定することができれば，物価水準もコントロールすることが可能になります。つまり，物価水準は中央銀行によって決定されるというのが，先ほどの問いに対する答えです。

### 2.4.3 中央銀行が金利を操作するケース

次に，中央銀行が通貨量ではなく金利を決定する場合はどうでしょうか。金利を決定するということは，中央銀行が金利を強制的に定めるという意味ではありません。詳しくは第４章で説明しますが，中央銀行が行うのは，市場で決まる金利がちょうど目標値に等しくなるように，通貨供給量を受動的に調節することです。

金利は通貨供給と通貨需要が等しくなるように決まりますから，通貨をどのくらい供給すると金利の目標値が達成されるのかは，通貨需要の大きさによって決まります。例えば，通貨需要が大きくなった場合は，それを満たすように通貨供給量も増やすことで，金利を一定値に維持することができます。反対に何もしなければ，需要が満たされないので金利は上昇してしまいます。

ここで重要なことは，通貨需要を満たすのは通貨供給量の名目的な金額そのものではなく，物価水準で測った**実質通貨供給量**であるという点です。

いくら通貨供給量の金額自体が大きくても，物価水準が高ければお札１枚当たりの価値が低いわけですから，通貨需要を満たさないかもしれません。通貨需要とは，あくまでも一定の通貨価値に対する需要なのです。

### 2.4.4 物価水準の非決定性

このように考えると，ある金利水準を達成させるための（名目的な）通貨供給量と物価水準の組み合わせは，比率さえ同じであればどのような組み合

**図表2－5 ▶▶▶デノミと相対価格**

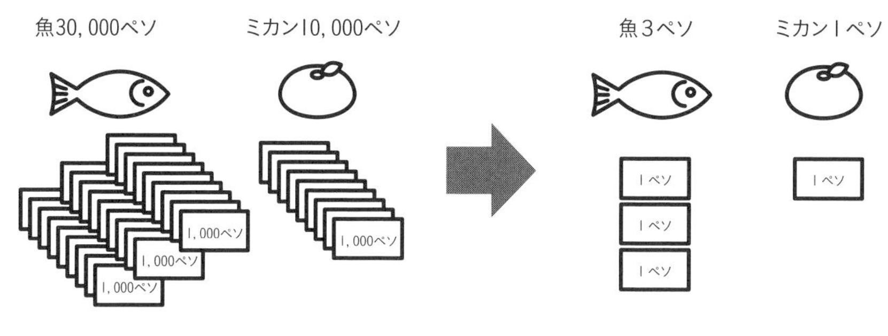




わせでもかまわないことがわかります。

例えば，（通貨供給量，物価水準）の組み合わせがそれぞれ（100，20）のケースと（200，40）のケースでは，実質通貨供給量（＝５）に違いはありませんから，どちらも同じように需要を満たし，同一の金利が達成されます。

ある金利水準を達成させるような（通貨供給量，物価水準）の組み合わせは，明らかに無限に存在するわけです。このとき，物価水準は一意に決定されませんが，これを**物価水準の非決定性**と呼びます。

物価水準が決まらないというのは不自然に聞こえるかもしれませんが，経済活動において重要なのは相対価格であって，平均である物価水準ではありません。

例として，**デノミネーション（デノミ）**を考えてみましょう。世界には，**ハイパーインフレ**と呼ばれる年率1000％を超えるような物価上昇を経験した国がいくつもありますが，そうした国は価格表示においてゼロの数が多くなりすぎて不便なため，デノミを実行することがあります。デノミとは，「今日の10,000ペソは明日から１新ペソとする」という具合に，新しい紙幣や硬貨を発行することで単位の桁数をいくつか落とすことです（図表２－５）。

デノミでは，単位変換に伴う混乱は現実問題としてあるものの，相対価格が変化することなく乗り切ることができれば，理論上は経済状況を変化させる要因ではありません。

価格の単位が変更されるので物価変動のような印象を与えますが，旧通貨と新通貨を交換することができるため，デノミは通常の物価変動とは異なります。

デノミを行うことで物価水準が変化したにもかかわらず，以前と同じ経済状況が達成されるのであれば，物価水準自体には何ら経済学的な重要性が無いといえます。物価は，大きく変動すると弊害を生み出す一方で，実はその水準そのものには意味がないという不思議な経済指標なのです。

## Working　調べてみよう

**1．銀行借入の他に，企業の資金調達手段にはどのような方法があるでしょうか。また，それぞれのメリットは何でしょうか。**

**2．過去にデノミが行われた実例を調べてみましょう。なぜデノミに至ったのか，その理由も併せて調べましょう。**

## Discussion　議論しよう

**1．世の中には，お金を借りたい人と貸したい人が常に両方いるのはなぜでしょうか。お金を借りたい人・企業の数は常に変化するはずなのに，なぜお金を借りるときの金利はあまり変化しないのでしょうか。**

**2．中央銀行が金利操作を行うと，理論的には物価はどのような水準にもなり得ます。しかし，現実にはそれほど物価が大きく変化しないのはなぜでしょうか。**

# 第3章 民間銀行の役割

## Learning Points

- 前章では，金融の意義や通貨の機能について見てきました。この章では，そのどちらに関しても重要な役割を果たすことになる，民間銀行の機能について詳しく見ていきます。なお，ここであえて民間銀行と呼んでいるのは，中央銀行と区別するためです。民間銀行の行動は，経済全体の通貨量がどのように決まるのかという問題を考える上でも非常に重要です。
- 中央銀行の金融政策を学ぶ前に，まずは民間銀行の役割を理解しておきましょう。

## Key Words

**日銀当座預金　マネーストック　銀行貸出　信用創造　信用割当**

## 1 民間銀行と通貨

**銀行貸出の連鎖が「通貨」を生み出す**

### 1.1 通貨の経済学的定義

前章までは，通貨とは紙幣や硬貨であるとして話を進めてきました。ここでは，本来の経済学的な**通貨**の定義を説明します。

紙幣や硬貨は，もちろんモノを買ったりサービスを受けたりしたときの支払いに使用できますが，現在ではそれ以外にも多様な支払い手段があります。クレジットカード払いを選ぶこともありますし，家賃や電気料金などは銀行口座からの引き落としを利用する人も多いでしょう。

紙幣や硬貨を持っていなくても，預金口座から支払いを行うことができるとすれば，紙幣や硬貨のみを「通貨」と定義するのは不自然です。そのため

**図表3－1 ▶▶▶通貨の定義**

| 名　称 | 定　義 | 対象となる金融機関 |
|---|---|---|
| M 1 | 現金通貨＋預金通貨 | すべての預金取扱機関 |
| M 2 | 現金通貨＋預金通貨＋準通貨＋ CD | 日本銀行，国内銀行（除くゆうちょ銀行），外国銀行在日支店，信金中央金庫，信用金庫，農林中央金庫，商工組合中央金庫 |
| M 3 | 現金通貨＋預金通貨＋準通貨＋ CD | すべての預金取扱機関 |

現金通貨：銀行券発行高＋貨幣流通高
預金通貨：当座・普通・貯蓄預金などの要求払預金－金融機関保有小切手・手形
準通貨：定期性預金＋外貨預金等
CD：譲渡性預金
出所：日本銀行 HP。

経済学で「通貨」というときには，お金の受払いを行う**決済**に使用できる預金なども含めます。

特に，紙幣や硬貨を**現金通貨**と呼び，決済に使用できる普通預金，当座預金および貯蓄預金等は**預金通貨**と呼ばれます。通貨量の統計データは日本銀行が作成していますが，日本銀行は，対象金融機関や預金口座の種類の違いに応じて，図表３－１のような３種類の通貨の定義を使用しています。

M1 は，すべての預金取扱機関における，当座預金や普通預金といった**流動性**の高い**要求払預金**が対象になっています。「流動性」とは，支払い手段として使用できる度合いを意味する用語です。当座預金は普通預金と違って無利子で，主に決済用に利用される口座です。小切手や手形などの決済手段を提供するのも当座預金の特徴となっています。

M2 は，定期性預金や外貨預金といった**準通貨**を含むすべての預金口座が対象になっていますが，対象金融機関からは，ゆうちょ銀行や農協，漁協，信用組合といった金融機関が除外されています。決済には使用されない預金の種類が含まれるという点で，M1 よりも流動性の低い通貨の定義です。

M3 は，M1 と同様にすべての金融機関が対象になっており，預金の種類は M2 と同様にすべての預金が含まれます。その意味で，M3 は３つの中で最も広い通貨の定義です。さらに日本銀行はこれらに加えて，M3 に投資信託や国債，金融債，社債などを含めた**広義流動性**のデータも公表しています。

図表3－2 ▶▶▶ 各種マネーストックの推移

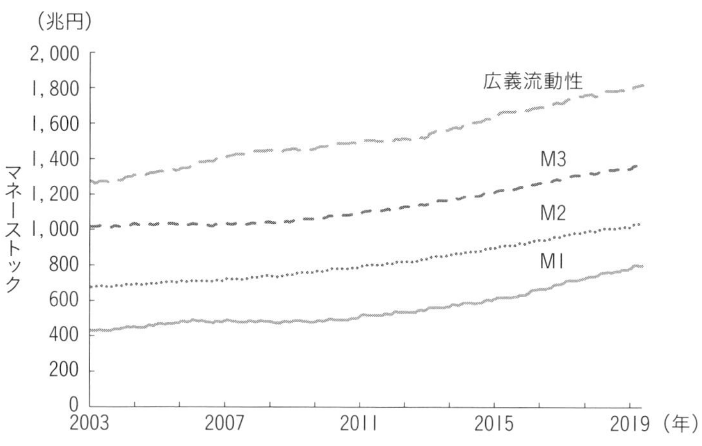


出所：日本銀行（マネーストック）。



なお，現在採用されているこのような通貨量の定義は，**マネーストック**（**通貨残高**）と呼ばれており，2008年まで使用されていた**マネーサプライ**（**通貨供給量**）とは異なるので注意が必要です。少し前の教科書では，M2＋CD（譲渡性預金）が標準的な通貨量の定義とされていましたが，M2+CDは現在の統計ではM2に相当します。図表３－２は各種マネーストックの推移です。それぞれの金額にはかなりの開きがありますが，それらの振る舞い自体はどれも似通っていることがわかります。

## 1.2 日銀当座預金－民間銀行が保有する預金口座－

では，経済全体の通貨量はどのようにして決まるのでしょうか。実は紙幣を発行する日本銀行といえども，経済全体の通貨量を完全にコントロールできるわけではありません。

このことを理解するために，まず**日銀当座預金**について知っておきましょう。銀行をはじめとする金融機関は，日本銀行に日銀当座預金と呼ばれる当座預金口座を保有しています。銀行だけでなく，信用金庫や証券会社および外国銀行などの金融機関も，日銀当座預金口座を保有しています。

日銀当座預金の役割は，大きく分けて２つあります。１つ目は，各銀行が保有する預金量の一定割合を日銀当座預金に入金しておく**準備預金制度**です。準備預金制度は，本来は預金者の大量の現金引き出しなどに備えるための制度です。この制度の下では，各銀行は一定期間における日銀当座預金の平均残高を，保有する預金額の一定割合以上になるように維持する必要があります。このときの割合は**預金準備率**と呼ばれ，金融機関の種類や預金額に応じて法律で定められ，0.05%～1.3%と幅があります。

２つ目は，金融機関同士の資金取引における決済口座としての役割です。銀行は，家計や企業とだけでなく，他の金融機関とも頻繁に資金のやりとりをしています。家計や企業が銀行の預金口座を通じて振込や引き落としを行うのと同様に，金融機関同士は日銀当座預金口座を通じて資金の受払いを行います。

日銀当座預金を通じた決済は膨大な規模となっており，近年では１日平均で100兆円を超えます（図表３－３）。１年間の総生産量であるGDPが500兆円程度であることからも，その金額の大きさがわかるでしょう。

### Column 「通貨」と「貨幣」

「通貨」の代わりに「貨幣」という用語を用いるテキストもありますが，これらはどちらも「money」の訳として使用されています。経済学は欧米から輸入された学問のためか，日本語での「通貨」と「貨幣」の区別はあまり意識されないようです。

ただし，実際には法律で明確に区別されています。

「通貨の単位及び貨幣の発行等に関する法律」の第二条３項によると，通貨とは，貨幣および日本銀行券であると規定されています。貨幣に関しては，同第五条で「貨幣の種類は，五百円，百円，五十円，十円，五円及び一円の六種類とする」と規定されています。

つまり，法的には「貨幣」とは硬貨（コイン）のことで，「通貨」はお札と硬貨の両方を意味します。したがって，通貨のほうがより広い概念ということになります。

経済学的な意味で使用するのであれば，一般には「通貨」のほうが適切ですが，経済学関連の書物でも「通貨」と「貨幣」を同じ意味で使用しているものも多くあります。

**図表3－3 ▶▶▶日銀当座預金決済額**

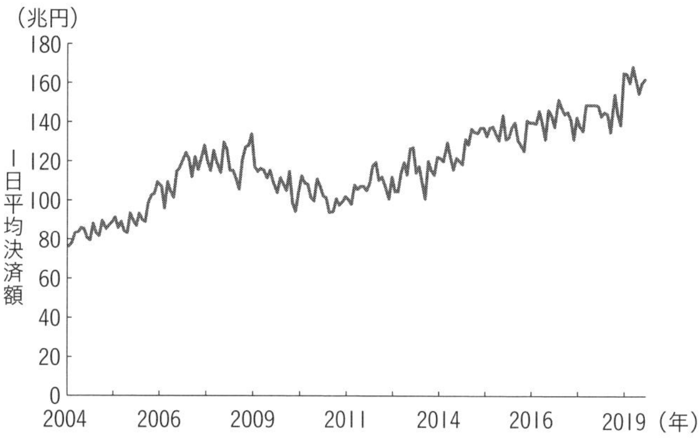


出所：日本銀行（決算関連統計）。



## 1.3 信用創造

さて，通貨量がどう決まるのかという問題に戻りましょう。日本銀行は，民間銀行から国債などの資産を引き受け，その見返りとして相手先銀行に対して日銀当座預金を供給することができます。これを**資金供給オペレーション**（**資金供給オペ**）といいます。

逆に，民間銀行に対して国債などを渡し，その金額分の当座預金残高を減少させる場合もあります。これを**資金吸収オペレーション**（**資金吸収オペ**）と呼びます。

ここで，資金供給オペの対象であるA銀行の日銀当座預金残高が，100万円増加したとしましょう（**図表3－4**）。資金が増えたA銀行は，この100万円をSさんに貸し出すとします。単純化のために，Sさんはこの100万円をそのままB銀行に入金するとしましょう。

注意すべきは，B銀行では100万円の預金増が発生したわけですから，預金準備率をかけた分だけを当座預金に入金しておかなければいけません。ここでは準備率を10%としておきましょう。このときB銀行は，預金準備を差し引いた90万円をTさんに貸し出すことができます。そしてTさんは

図表3－4 ▶▶▶信用創造

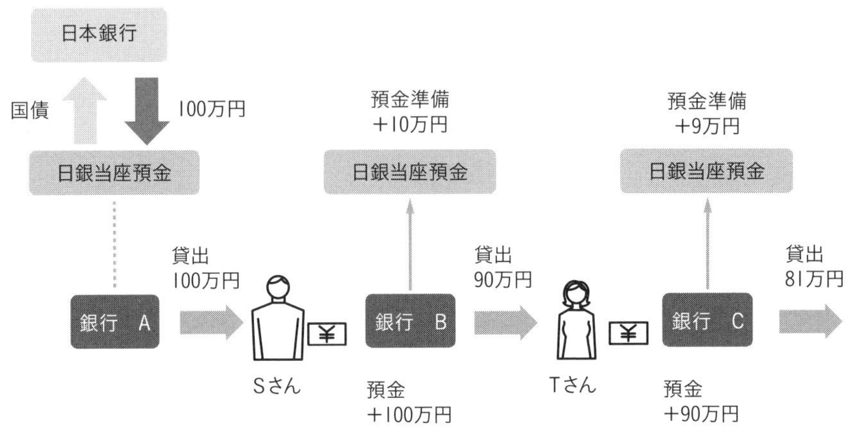


90 万円を C 銀行に預け，C 銀行は預金準備を差し引いた 81 万円をまた U さんに貸し出し……と，このプロセスはさらに続きます。

## 1.3.1 乗数効果

仮に，このような貸し出しと預金の繰り返しプロセスが無限に続いたとすると，預金通貨はどれだけ増えるでしょうか。式で書くと，次のようになります。

$$100 + 90 + 81 + \cdots = \frac{100}{1-0.9} = 1000$$

当初 100 万円が A 銀行に対して供給された結果として，最終的には合計で 1,000 万円の預金通貨が増加することになります。このとき，最初の供給額の 10 倍の額が通貨量として生み出されたので，**通貨乗数**が 10 であるといい，こうした貸し出しが貸し出しを生むプロセスを**信用創造**と呼びます。

また，通貨量の増加を生み出したきっかけは日本銀行によって供給された 100 万円ですが，これは日本銀行がコントロールできる部分です。特に，日銀当座預金に銀行券発行高と貨幣流通高を加えたものを**マネタリーベース**と呼び，日本銀行によってコントロールされる部分として，預金まで含めたマネーストックとは区別されます。他の呼び方として，**ベースマネー**や，あるいは**乗数効果**を生み出すことから**ハイパワードマネー**と呼ばれることもあります。



### 1.3.2 銀行貸出と通貨量

中央銀行による最初の資金供給が乗数効果を生むためには，各銀行が貸出を増やすことが必要条件です。図表3－4からも明らかなように，増加した資金を各銀行がそのまま保有していたり，あるいは国債の購入などに向けたりしてしまうと，貸し出しの連鎖は生じません。極端な例として，もし当座預金の供給を受けたA銀行がSさんに貸し出さなければ，通貨乗数は1になってしまいます。

先の例のように，民間銀行が預金の増加分を上限まで貸し出す場合，経済全体の通貨量の増加分は一般に次のように書くことができます。

$$\text{通貨量の増加分} = \frac{1}{\text{預金準備率}} \times \text{日本銀行の資金供給分}$$

先ほどの例では預金準備率＝0.1となっていたので，通貨量の増加分は1,000万円でした。ただし現実には準備率はもっと低く，仮に1％なら0.01ですから，日本銀行が100万円の資金供給を行うと理論上は1億円の通貨量が創出されることになります。

では，現実にはどうなっているでしょうか。図表3－5は，マネタリーベースとM3の伸び率を比較したグラフです。近年の日本銀行は膨大な当座預金の供給を行っているため，マネタリーベースは大きく増加しています。しかしそれに比べると，代表的な通貨量であるM3はほとんど増えていません。

その理由は，民間銀行による貸し出しが伸びていないことにあります。近年，日本銀行は資金供給オペを通じて巨額の資金供給をしていますが，民間銀行はその資金を日銀当座預金に預けたままにしていたり，国債の購入などに振り向けたりしています。これでは信用創造のプロセスは全く働きませんから，マクロの通貨量が増えないのも当然です。景気が拡大するためには，民間銀行の貸出が増えることで家計や企業の投資が活発化する必要がありますが，近年では日本だけでなく海外の国々でもこのような状況からなかなか抜け出せずにいます。

上記の信用創造の議論において通貨乗数を一定として考えれば，マネタリーベースの供給を増やせば増やすほどマネーストックも増加するはずです。しかし，**図表３－５**のように現実には通貨乗数は一定ではなく，マネタリーベースとマネーストックの関係性は不確実です。

そもそも，供給された資金を用いて民間銀行が貸出を増やす状況というのは，各銀行が資金不足に陥っているときだと考えられます。この点からすると，近年のように民間銀行が過剰な資金を抱える状況では，乗数効果の議論の前提が成立していないのです。

ただし，信用創造の議論そのものが間違いというわけではありません。経済全体の通貨量が貸出の連鎖によって生み出されるという視点自体は，マク

**図表3－5 ▶▶▶マネタリーベースと M3 の伸び率**

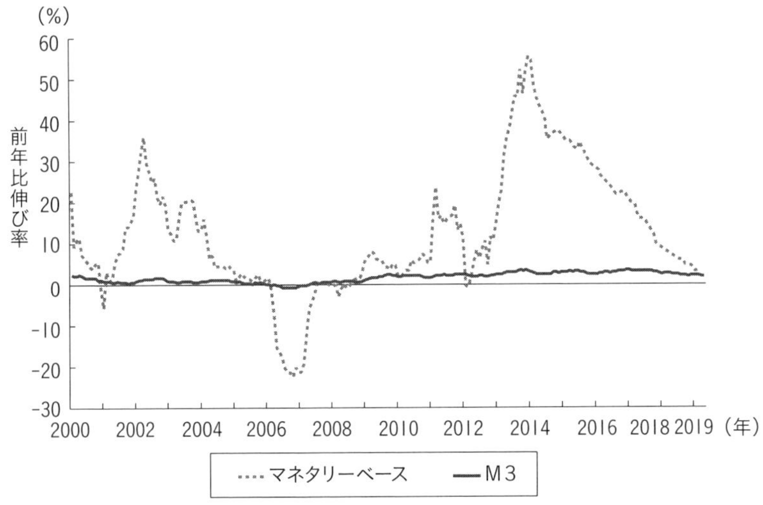


注：M 3 は 2004 年 3 月以前はマネーサプライ。
出所：日本銀行（マネーストック）。

ロ経済を理解するために重要なポイントです。



# 2 銀行の存在意義
## 銀行が果たす２つの機能

通貨量とは，単に日本銀行によって供給された資金をいうのではなく，民間銀行による貸出の連鎖を通じて創出されるものであることがわかりました。ここからは，民間銀行の役割についてもう少し詳しく見ていきましょう。

そもそも，銀行はなぜ存在するのでしょうか。銀行がお金を貸しているとはいっても，実質的にお金を貸しているのは預金者で，銀行は借り手と預金者の間をつなぐ仲介者の役割を果たしているにすぎません。なぜ，実質的な資金の出し手である預金者が直接的に貸出を行わないのでしょうか。直接貸すことができれば，銀行を介さない分マージンを取られないわけですから，預金金利よりも高い金利を借り手から徴収できるはずです。

実は，この問いに対する答えこそが，銀行の存在意義そのものです。ここでは大きく分けて２つの理由を取り上げます。それは，①**情報生産機能**および②**資産変換機能**です。

### 2.1 銀行の機能①－情報生産機能－

多くの家計や企業は資金を必要としていますが，そうした潜在的な借り手に対して実際に貸せるかどうかは，期限までに返済できる能力があるかどうかによって決まります。

信用力が十分でない借り手は，資金が足りなくなって破綻をしたり，返済を先延ばしする可能性があります。そのため，貸出を実行する前に借り手の信用力を判断することが重要ですが，これが非常に難しいことなのです。ここに，１つ目の銀行の存在意義があります。

### 2.1.1 情報の非対称性

一般の人であれば，たとえ資金が豊富にあったとしても，聞いたことのない中小企業の社長からお金を貸してくれと頼まれても，まず貸さないでしょう。それは，貸さない人がケチだからではなくて，その人やその会社に関する情報がないので判断のしようがないわけです。

この中小企業の社長は自分の会社をよく知っていますから，返済能力があることをわかっていて頼んでいるのかもしれません。しかし貸す人にとっては，いくら社長に「うちは優良企業だから」と言われても，そのまま信じるわけにはいきません。なぜなら，資金を得るためには嘘をついてでも良く見せようとするインセンティブが，この社長にはあるからです。このような状況を，経済学では**情報の非対称性**があるといいます。

### 2.1.2 銀行の専門性

銀行は，情報の非対称性を解消するため，融資の申し込みがあった場合には借り手の信用力調査を行います。信用力（返済能力）の判断は非常に難しいので，預金者個人でこれを行うことは得策ではありません。会計の専門的な知識や，融資の判断基準のノウハウも必要になるので，銀行の専門家集団に任せることが効率的です。

このような銀行の機能を，**情報生産機能**といいます。はじめは相手についての情報がないところから，新たに情報を獲得するという意味で，銀行は情報を生産しているのです。

また，銀行の役割は融資を実行した時点では終わりません。借り手が期限までに返済しないというリスクがあるわけですから，ちゃんと返済するように監視（**モニタリング**）する必要があります。延滞の可能性が高いと判断されれば，事業に対してアドバイスをしたり，返済計画を再検討（**リスケジュール**）したりすることもあります。

情報の非対称性による貸し手と借り手の情報ギャップを解消するためのこうした一連の活動は，ノウハウを蓄積した専門家が担当するからこそ効率的に行うことができるのです。



## 2.2 銀行の機能②－資産変換機能－

借り手の信用力がわからないこと以外にも，個人の預金者が直接お金を貸さないほうがよい理由がもう１点あります。それは，リスクが高すぎるという点です。

仮に，相手の信用力がある程度高いことがわかったとしても，それは絶対に破綻しないということではありません。いくら,「うちは優良企業だから」という言葉が真実でも，会社が1,000社あれば，少なくとも数社は１年以内に破綻するのが現実なのです。総務省統計局「経済センサス－基礎調査」によると，2016年時点で日本の企業数は約386万社ありますが，2018年の企業倒産は１万件弱発生しています（図表３－６）。

もし，個人で直接的に貸し出していた先の会社が破綻すれば，その損失は非常に大きくなってしまいます。ほとんどゼロになってしまうこともあるでしょう。それを考えると，たとえ信用力が高くても，個人で貸し出しをするのはリスクが大きいのです。

**図表3－6 ▶▶▶ 企業倒産件数（負債額1,000万円以上）**

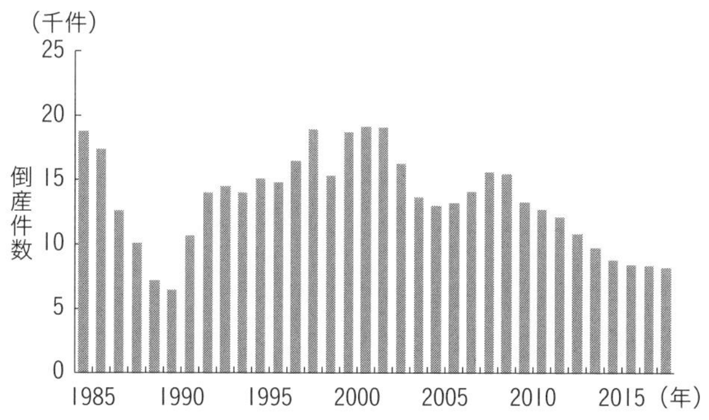


出所：東京商工リサーチ。

## 2.2.1 リスク分散機能

ところが，もし同じ金額を1,000社に分散して貸し出すことができたらどうでしょうか。この場合も数社は破綻しますが，仮に10社が破綻したとしても，その割合は1%です。しかも，大数の法則により，貸し出した先が多ければ多いほど，破綻する企業の割合は正確に予測することができます。

もちろん，個人でこれほど多くの企業に貸し出しを行うことは現実的ではありません。ところが，銀行に預金を預けるということは，銀行が多くの企業に融資することを通じて，実質的にはこのようなことが可能になっているのです。これを**リスク分散機能**といいます。

しかも，融資は返済されないリスクがあるにもかかわらず，預金者の預金には基本的にリスクはありません。言い換えると，銀行はリスクのある資産（融資による債権）を，リスクのない資産（預金）に変換しているのです。これが銀行の2つ目の存在意義で，**資産変換機能**といいます。

金融論では，もともとのリスクのある貸出債権を**本源的証券**，リスクのなくなった銀行預金を**間接証券**と呼びます。預金者は，リスクのある相手に直接的に貸し出すわけでなく，あくまでもリスクのない間接証券を保有するので，銀行貸出を**間接金融**ともいいます。

## 2.2.2 満期変換機能

銀行が変換するのはリスクだけではありません。通常，企業が資金調達を行う場合には返済期限が設定されます。銀行からすると，いったん貸出を行ったら，返済期限である満期まではこの資金を取り戻すことはできません。他方で，当座預金や普通預金などの要求払預金は，基本的にいつでも引き出すことができます。

直接的に企業に貸し出すと満期まで引き出せないわけですが，銀行を通して間接的に貸し出すことで，いつでも引き出せるようになるわけです。このようなことが可能になる理由は，銀行が様々な期間の貸出を組み合わせることで資産の満期を変換しているからです。このことを，銀行の**満期変換機能**

**図表3－7 ▶▶▶銀行の機能**

| 情報生産機能 | 資産変換機能 |
|---|---|
| 情報の非対称性の解消 | リスク分散機能 |
| 返済までのモニタリング | 満期変換機能 |



といいます。

もちろん預金者による日々の引き出しによって預金が減少する分もありますが，同時に預金口座に入金する人も同じくらいいるので，全体として預金額の変動は小さくなります。**図表３－７**は，銀行の機能を分類した表です。

## 3 信用割当と資金繰り
### 解消されない超過需要

最後に，企業の資金繰り問題についても触れておきましょう。通常の財・サービス市場では，何らかの理由で超過需要が発生すると，価格が上昇して需要を下げる圧力が働きます。財・サービス市場では，こうした「見えざる手」と呼ばれる価格メカニズムのおかげで，需要と供給が過不足なく満たされることになります。では，資金の貸借を行う貸出市場において同じように需要が大きくなったらどうなるでしょうか。

### 3.1 信用割当

貸出市場で価格に相当するのは貸出金利ですから，借りたい人が大幅に増えれば，銀行が資金不足となって貸出金利が上昇します。これは，超過需要で財の価格が上昇するのと同じ理屈です。

しかし，貸出金利が高くなっていくと，借り手の負担はどんどん大きくなっていきます。財市場の売買と異なり，いったん貸借契約が成立してもそこで終わりではなく，決められた金利と元本を将来返済しなければなりません。

重要なのは，貸出金利が上昇すると借り手の金利負担が大きくなるので，返済率は低下するという点です。銀行にとっては，あまり金利を高くすると返済可能性が低くなりすぎ，どうやっても貸出で利益を得られない状況が発生します。このとき，銀行は貸出金利をさらに上げるのではなく，貸出量を減らすことを選ばざるを得ません。

これは**信用割当**と呼ばれる現象で，貸出市場において解消されることのない超過需要が発生している状態です。

中小企業の中には，高い金利を払ってでも資金調達をしたいのに十分な額を借りられない企業が多く存在しますが，それは信用割当が発生しているためです。中小企業にとって資金繰りは死活問題で，本来信用力のある企業であっても，十分に調達できるとは限りません。信用力があるにもかかわらず調達できない場合，根本的には情報の非対称性が原因で，銀行が借り手企業の財務状況を完全に知ることができるのであれば信用割当は発生しません。

## 3.2 資金繰り対策の問題点

特に不況時には信用に関する問題が表面化しやすく，資金繰りがつかずに倒産する企業も増加します。そこで政府は，中小企業の借り入れに政府保証をつけることで銀行が貸し出しやすい環境を作ったり，中小企業の返済の延期要請があった場合には認めるように銀行に要求したりと，さまざまな方策を過去に打ち出してきました。

しかしこうした方策は，資金繰りに悩む中小企業にとってはいいかもしれませんが，銀行の情報生産機能を低下させるという問題があります。

本来であれば，銀行が情報生産を行うことで，生産性の高い企業にのみ貸し出しが行われます。しかし，明らかに信用力の低い企業に対しても政府保証を付けるとなれば，銀行はコストをかけて信用調査などの情報生産を行うインセンティブがなくなります。そうなれば，非効率な企業にも貸し出しを行う可能性が高くなります。

こうした状況においては，本来市場から退出すべきであるのに生き残ってしまう「ゾンビ企業」を増やすことにもなりかねません。ゾンビ企業が増えればマクロの経済成長の阻害要因になることは，第1章で述べたとおりです。

資金繰り対策に政府が介入することに対しては，そのミクロ的な効果だけでなく，介入によって引き起こされるかもしれないマクロ的な副作用にも十分な注意を払う必要があります。



## Training　解いてみよう

**1．預金準備率が3%のとき，中央銀行が3,000億円の資金供給を行うと，預金通貨はどれだけ増えるでしょうか。また，このときの信用乗数はいくつでしょうか。**

**2．信用割当が発生するのは，資金需要曲線・資金供給曲線がどのような形状の場合でしょうか。**

## Discussion　議論しよう

**1．現実の経済において情報の非対称性が発生する例を，いくつか挙げてみましょう。**

**2．銀行のように，情報の非対称性を解消する役割を担っている業種は他に何があるでしょうか。また，それらの会社は，どのようにして情報の非対称性を解消しているのでしょうか。**

# 第4章 日本銀行の役割と金融政策

Learning Points

▶これまでの章では，金融の意義や金融仲介機関としての民間銀行の機能などを見てきました。ここからは，いよいよ中央銀行の役割について詳しく見ていきましょう。日本の中央銀行である日本銀行は，紙幣を発行する発券銀行としての制度的役割と共に，「物価の安定」という経済学的な目的を日本銀行法によって与えられています。

▶この章では，日本銀行とはどのような存在なのかを，制度的側面と経済学的側面の両面から確認しましょう。

Key Words

**日本銀行法　通貨発行益　ルールと裁量　フィリップス曲線　通貨の中立性**

## 1 中央銀行としての日本銀行

**制度的役割**

### 1.1 日本銀行は銀行？

日本銀行は，日本の中央銀行として1882年に開業しました。民間銀行が日本銀行に当座預金口座を保有していることから，**銀行の銀行**とも呼ばれます。また，政府の預金口座もあるため**政府の銀行**でもあります。

銀行とはいっても，株式会社である民間銀行とは法人としての形態が異なり，**日本銀行法**によって定められる認可法人です。したがって，制度上は政府機関や株式会社ではありません。日本銀行の資本金は1億円で，その55%が政府から，残りの45%が民間から出資されています。

株式会社ではないのですが，株式に相当する「出資証券」が発行されており，証券取引所の1つであるジャスダックに上場されていますので売買も可能です。ただし，普通株式と違って議決権はなく，配当は年5%までと日本銀行法で定められています。ちなみに，2019年9月現在で出資証券の価格は3万円台となっており，売買単位が100口ですから，購入には300万円ほどが必要です。

日本銀行は，日本の紙幣である日本銀行券を発行できる唯一の**発券銀行**であり，日本銀行券は国立印刷局で製造されます。なお，硬貨（コイン）は日本銀行ではなく政府が発行します。

銀行券は，金融機関によって日銀当座預金から引き出されることではじめて実際に流通し始めます。そして，さまざまなところへ流通した後，いつかはまた金融機関によって日銀当座預金に入金されることになります。入金された際には日本銀行において**鑑査**が行われ，銀行券に破損や汚れがある場合には新しいものと交換します。なお，1万円札の寿命は約4～5年，その他のお札は約1～2年です。この違いは，1万円札以外はお釣りに使われる頻度が高いことが原因です。

## 1.2 通貨発行益と国庫納付金

日本銀行は政府機関ではないのですが，民間企業とも違い，利益を追求することが目的ではありません。とはいっても，その活動を通じて莫大な利益を得ることがあります。

### 1.2.1 通貨発行益

大きな利益が出る主な理由は，日本銀行が独占的に紙幣を発行できる権限を持つためです。日本銀行券は日本銀行が発行する債務証書ですが，債務にもかかわらず金利を支払う必要がなく，返済期限もありません。

仮に，日本銀行が資金供給オペで国債を1,000億円購入したとしましょう。国債と引き換えに発行する日本銀行の債務証書（日本銀行券）は金利がゼロである一方，国債を保有することで金利収入を得ることができます。例えば国債金利が１％だとしたら，１年間で10億円の金利による純収入を得られます。

通貨を発行することで得られるこうした独占的利益を，**通貨発行益**（**シニョレッジ**）と呼びます。ただし，新しい紙幣を印刷する場合にはコストがかかりますから，その分は収入から引く必要があります。1万円札の場合で，印刷コストは約20円ほどです。



### 1.2.2 国庫納付金

では，日本銀行が得た利益はどうするかというと，運営コストや出資証券保有者への配当金などを除いて，残りは政府に納付します。これを**国庫納付金**と呼びます。**図表４－１**は，近年における国庫納付金の推移です。

国庫納付金は，政府にとっては税外収入となり貴重な財源です。納められた納付金は，一般会計の歳入として通常の税金収入と区別することなく使用されます。その意味では，私たちの納める税金とも密接な関係があります。

例えば，日本銀行からの国庫納付金が減少した場合，財政支出を減らすのでなければ，歳入の減少分を賄うために税率を上げたり国債の増発を行ったりする必要が出てきます。どの方法にしても，国民負担の増加は避けられま

**図表４－１ ▶▶▶日銀国庫納付金**

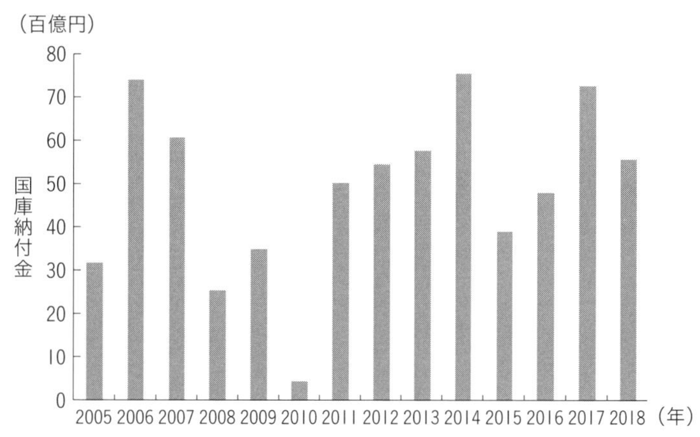


出所：財務省決算書および日本銀行（財務諸表「剰余金処分の状況」）。

せん。逆に，日本銀行の収入が増えることで国庫納付金も増加すれば，税率を下げるか，あるいは財政支出を増加させることができるので，国民の利益となります。

ただし，国庫納付金の額は日本銀行全体の収益で決まってくるので，通貨発行益だけで金額が決まるわけではありません。日本銀行は，日々の資金供給オペを通じて通貨発行と引き換えに多くのリスク資産を取得しています。もし，こうした保有資産の価値が変動すれば，それに伴って日本銀行の収益も変動します。

あまり考えたくありませんが，万が一日本銀行の持つ資産の価値が大きく下落することがあれば，国庫納付金が何年にもわたってゼロになるという事態も可能性がないわけではありません。この点については現在のところそれほど問題視されていませんが，多くの専門家は将来的なリスク要因として見ています。この問題については，第10章でも扱うことにします。

## 1.3 日本銀行の役割－日本銀行法による規定―

日本銀行の役割は日本銀行法によって明確に規定されています。現在の日本銀行法は1998年に施行されましたが，それ以前は，1942年に施行され1949年に連合国最高司令官総司令部（GHQ）によって一部改正された旧日本銀行法に基づいて金融政策が行われていました。

旧日本銀行法では，大蔵省の日本銀行に対する監督権・業務命令権や役員解任権など，政府の金融政策への直接的な介入が認められており，戦時立法らしい統制色の強い条文も残っていました。しかし，1990年代後半になって，80年代のバブルを防げなかった反省や，海外諸国における中央銀行の独立性の高まりを受けて，旧日本銀行法は改正されることになります。

1998年に施行された新しい日本銀行法の第一条では，次のように規定されています。

第一条　日本銀行は，我が国の中央銀行として，銀行券を発行するとともに，通貨及び金融の調節を行うことを目的とする。

2　日本銀行は，前項に規定するもののほか，銀行その他の金融機関の間で行われる資金決済の円滑の確保を図り，もって信用秩序の維持に資することを目的とする。

これによると，日本銀行は銀行券を発行するだけでなく，通貨や金融の調節を行うことも規定されています。通貨や金融の調節というのは，オペを通じて通貨量を調節することです。この日本銀行法第一条こそが，日本銀行が金融政策を行うことの法的根拠となっています。

また，金融機関の間で行われる資金決済についても，日本銀行が責任を持って秩序の維持を保たなければいけないとしています。資金決済における秩序維持のための政策は**プルーデンス政策**と呼ばれ，金融調節を手段とする金融政策とは区別されます。プルーデンス政策は2008年のリーマンショック以降世界中で改めてその重要性が再認識されていますが，日本銀行法ではその10年前から明確に規定されていました。

さらに日本銀行法第二条を見てみましょう。

第二条　日本銀行は，通貨及び金融の調節を行うに当たっては，物価の安定を図ることを通じて国民経済の健全な発展に資することをもって，その理念とする。

第一条では日本銀行が金融調節を行うことを規定していましたが，第二条では，何のために金融調節を行うのかが明記されています。これによると，金融調節は，「**物価の安定**」を図るために行わなければならないということです。

さらには，「物価の安定」を図るということは，それ自体が最終目標ではなく，「国民経済の健全な発展」が最終的な到達地点であることを謳っています。そのような最終目標を実現するための1つの必要条件として「物価の安定」を位置づけ，日本銀行がその責務を負うべきこととしているのです。

このように物価の安定だけでなく最終的には実体経済が重要だと規定された背景には，80年代のバブル期の経験があるといわれています。第1章で述べたように，当時は株価や土地などの資産価格は大きく上昇していたのに対して物価は比較的安定しており，それが金融緩和を継続させた大きな要因でした。結果としてこの緩和継続がバブルを助長したことは否めず，その反省から，物価安定を追求することだけでは不十分であるとの認識につながったと考えられます。

## 2 金融政策における課題
### マクロ経済学の観点から

前節までは，日本銀行法によって規定されている制度面から日本銀行の役割を見てきました。ここからは，より経済学的な観点から中央銀行が行う政策の意義を見ていきましょう。

日本銀行の政策は，大きく分けて金融政策とプルーデンス政策に分けることができますが，以下では主に金融政策に注目し，プルーデンス政策については後の章（主に第14章）で扱います。

### 2.1 金融政策とマクロ経済学

日本における金融政策は，日本銀行が唯一の担当当局です。その最大の目的は，日本銀行法で定められたとおり「物価の安定を図ること」ですが，実際にこれを達成するためにはマクロ経済に関する高度な専門知識が必要です。行われた金融調節がどのようにして物価に波及するかを把握するためには，マクロ経済の構造を理解しておく必要があるからです。

しかしながら，物価の安定を図るためにはマクロ経済の理解が必要なのは確かですが，マクロ経済の理解については経済学者の間でも全く異なる見方をすることが往々にしてあります。日本銀行においても，総裁や審議委員などの政策担当者が交代すればマクロ経済に対する見方も変わり，それに伴って金融政策の姿勢も大きく様変わりすることがあります。

このような現状についてはマクロ経済学者にも責任がありますが，自然科学とは違って人間で構成される社会経済を相手にする以上，時代や国ごとに経済構造が異なることもこうした問題が発生する大きな要因です。

とはいっても基本的な部分に関しては同意が得られる点も多くありますので，以下ではそのような事柄を中心に解説していくことにします。

## 2.2 政策手法の選択①－金利か通貨量か－

### 2.2.1 政策変数

日本銀行法で規定されていた金融調節ですが，これを実行するためには具体的な**政策変数**をまず決める必要があります。政策変数とは，金融調節において目標値が設定される経済変数のことで，伝統的な金融政策においては主に金利です。

#### Column 中央銀行と経済学者

中央銀行の仕事というと，金融政策やプルーデンス政策に関する実務的な仕事ばかりを行っている印象があるかもしれませんが，決してそれだけではありません。

本文でも述べたとおり，適切な金融政策を行うためにはマクロ経済の理解が欠かせず，高度な経済学の知識も必要になります。そのため，日本銀行内の金融研究所や調査統計局といった部局では，マクロ経済に関する調査・研究を日々行っています。

また，若手のスタッフを海外の大学院に派遣して最先端の経済学を身に付けさせたり，海外の著名な経済学者を招いて意見を聞くなど，学会との交流も盛んに行っています。

アメリカでは多くの一流経済学者が中央銀行に所属するエコノミストとして在籍しており，政策についても積極的に発言しています。近年では，バーナンキ (Ben Bernanke)，イエレン (Janet Yellen) と経済学者が 2 人続けて FRB 議長（日銀総裁にあたる）に就任していることからもわかるように，経済学者が幹部になることは珍しくありません。

日本銀行でも，審議委員や副総裁といったポストにはこれまでに数名の経済学者が就任しています。

**図表4－2 ▶▶▶通貨需要・通貨供給曲線**

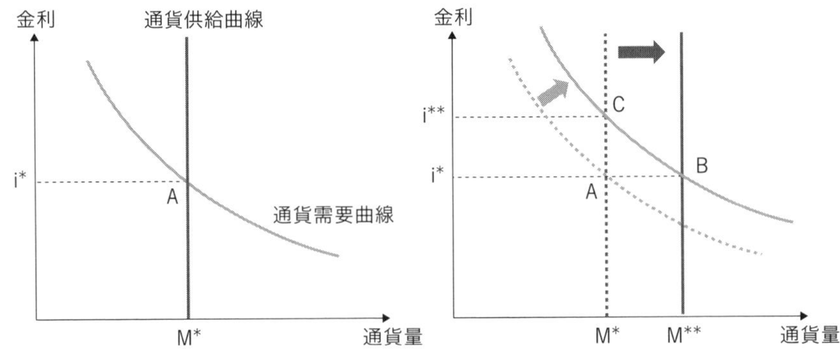


1970～80年代前半の高インフレ時や，近年の低金利下での金融政策では**通貨量操作**を行うこともありますが，通常時の金融政策は金利操作が基本です。以下では，簡単化のために中央銀行は通貨供給量をコントロールできるものとし（例えば日銀当座預金など），金利と通貨量という2つの政策変数の候補があるケースを考えましょう。

まず金利操作とは，中央銀行が金利の**誘導目標**を定め，それを達成するように通貨量を受動的に動かす状況を指します。このことを図で理解してみましょう（**図表4－2**）。

通貨は（債券等に比べ）金利がつかない資産だと考えると，金利が上昇すると通貨需要は減少します。金利が高いときほど，通貨ではなく他の資産で運用したほうが得になるからです。つまり，通貨需要曲線は図のように右下がりになります。

一方の通貨供給は，日本銀行によって調節されるため金利とは無関係です。市場金利は，通貨需要＝通貨供給となる2つの曲線の交点で決まります（左図点A）。

ここで，通貨需要が増大して通貨需要曲線が右へシフトすると，金利を誘導目標（i*）に一致させるためには，需要が増加した分だけ通貨供給を増やす必要があります（右図点B）。このとき，通貨量は政策変数である金利を維持するための調整役となるわけですが，そのような変数を**内生変数**と呼びます。

対称的に，通貨量操作を行う場合には，通貨量の目標値（M*）を維持するため，金利が内生的に決まります。この場合，金利水準は需要の増加分を反映して上昇します（右図点C）。

通常の金融政策では金利操作が基本ですが，近年のような超低金利下では，超過供給を意図的に拡大する**量的緩和**と呼ばれる一種の通貨量操作が行われることが多くなっています。

また，詳しくは第10章で述べますが，近年では「**非伝統的金融政策**」として，通貨量を拡大する量的緩和に加え，上場投資信託（ETF）や不動産投資信託（J-REIT）などのリスクのある金融商品の購入を拡大する**信用緩和**も導入されています。

ただし，これらの非伝統的政策はあくまでもゼロ金利下という特殊な状況における「異例」の措置であり，もし将来に再び金利を上げられる環境になれば，また金利操作を再開するはずです。

なお，政策金利に関して，以前は「公定歩合」と呼ばれる日本銀行が民間銀行に貸し出す際の金利が存在しましたが，現在ではこの言葉は使用されません。日本銀行が直接的に民間銀行に貸し出す際の金利は，現在では**基準貸付利率**とか**基準割引率**と呼ばれます。

少し前の教科書では**預金準備率操作**も政策手段として掲載されているものもありますが，近年では中国などを除いては先進国において準備率を政策変数とすることはありません。過去には民間銀行の貸出総量を制限する「窓口規制」もありましたが，これも現在では行われることはありません。

### 2.2.2 政策変数の選択－プールの分析－

では，なぜ通貨量操作ではなく，金利操作が主たる政策変数として採用されるようになったのでしょうか。この点について標準的なマクロ経済学の解釈を紹介しましょう。

はじめに，図表4－2で見たように，金利は「通貨需要＝通貨供給」となるように市場で決まるものであることに注意してください。

金利操作を行う場合，通貨需要に変化があると，金利を目標値に維持するために通貨供給量が内生的に調整されます。一方で，通貨量操作を採用している場合には，金利が自由に動くことで通貨量が一定に保たれます。

ここで，実際に政策変数を金利にするか通貨量にするかを選択する上で，考慮しなければならないことがあります。それは，現実の通貨需要の変動が非常に大きいという事実です。

詳しくは次章で説明しますが，通貨需要は年末年始や大型休暇時，また税金の支払い時期などに大きく変動する性質があります。もし，こうした通貨需要の変動を放置して，通貨供給量を一定値で維持していたらどうなるでしょうか。

通貨供給量が一定であれば通貨需要の変動を吸収するために金利が変動しますが，その動きは通貨需要の変動が大きいほど激しくなります。金利の変動が大きくなると，金利に左右される設備投資や住宅投資といった経済活動が影響を受けることになり，それに伴ってマクロの景気も変動が大きくなってしまいます。景気が大きく変動することは，社会的に見て決して望ましいことではありません。

これに対して，通貨供給量が内生的に調整される場合には，金利を目標値で維持することができます。設備投資や住宅投資は影響を受けず，景気も大きく変動することはありません。

以上の議論を踏まえると，近年の中央銀行が金利操作を選択する理由は，通貨需要の変動が大きいことが1つの理由であると考えることができます。こうした議論は**プールの分析**として有名で，プール（William Poole）によって1970年に最初になされた議論ですが，政策変数の選択における理論的根拠となっています。

## 2.3 政策手法の選択②―ルールか裁量か―

政策変数を選択した上で，中央銀行にはさらにもう1つ選択しなければならないことがあります。それは，決められた政策変数を**裁量的**に操作するのか，それとも何らかの**ルール**を決めるのかという選択です。

裁量的とは，経済に何らかの変化があった場合に，それに対して柔軟かつ機動的に対応することを意味します。こう聞くと裁量的に操作したほうが良いに決まっているように思えるかもしれませんが，そう単純でもありません。



### 2.3.1 政策ラグ

金融政策は，実行されてからすぐに効果が表れるわけではありません。金利を低下させても，実際に貸出量が増加して設備投資が増えるまでには一定の時間がかかります。さらにそれが物価へも波及するとなると，さらなる時間を要します。

研究者によって結論はさまざまですが，金融政策による金利の低下が物価上昇として効果が現れるまでには，2年ほどかかるともいわれています。もしそうであれば，現時点で機動的に金利を動かしても，効果が出始めるころには経済状況が今とはガラッと変わっている可能性もあります。

インフレを押し上げようと緩和政策を行っても，物価が実際に上昇する2年後の時点では反対にインフレを抑えるべき状況にあるかもしれません。そうなれば政策は逆効果になってしまいます。このような**政策ラグ**を考慮に入れると，機動的に行われる裁量的な金融政策が望ましいとは必ずしもいえないのです。

### 2.3.2 ルールに基づく政策

そこで対案としてあるのが，ルールに基づく政策です。代表的な通貨量ルールとしては，**フリードマンのk%ルール**があります。k%ルールとは，毎年の通貨量の伸び率をk%にするように通貨量調節を行うということです。

金利操作に関しては，**テイラールール**が非常に有名です。テイラールールは，インフレ率と生産量に対して一定のウェイトを置き，そのウェイトに応じて金利を反応させるというものです（詳細は第8章を参照）。

ルールに基づく政策は，経済に何か大きなショックがあった場合に機動的に対応できないというデメリットがありますが，一方で機動的な政策発動による逆効果の発生が回避できます。

また，ルールは非常にわかりやすいため，市場参加者にとっても，将来の金融政策が予測しやすくなるというメリットもあります。中央銀行総裁や政策委員の交代に際して発生し得る政策の不連続性についても，ルールに基づく政策を継続することで軽減することができます。

実際の政策運営を見ると，厳密にルールに基づく政策は行っていませんが，それでも大まかにはテイラールールと矛盾しないとされています（第8章の**図表８－６**を参照）。

ただし，ゼロ金利政策等の「非伝統的」金融政策が行われるようになった近年においては，通常時のテイラールールのように単純なルールを設定することが難しく，どうしても政策担当者による裁量的な采配になりがちです。非伝統的金融政策においては，そもそも政策変数が何なのかが明らかでない場合もあります。今後，非伝統的政策についてもテイラールールに相当するような標準ルールが生まれるのか，注目されるところです。

## 2.4 物価と景気のトレードオフ

さて，金融政策を行う上で考慮しなければならない法則の１つに，**インフレと景気のトレードオフ**があります。「トレードオフ」とは二律背反の意味で，インフレを低下させると景気が落ち込み，逆に景気を上昇させるとインフレが上昇する，という関係性のことです。

**図表４－３**は，横軸に失業率，縦軸にインフレ率をとったもので，**フィリップス曲線**と呼ばれます。この図から，大まかにですが，インフレが低下すると失業率が増加していることがわかります。マクロ経済学では，フィリップス曲線の観察をもとに，金融政策によって物価と景気の安定化を両方同時に達成することはできないとされてきました。

目標の数に対して政策手段の数が足りない場合，どちらかの目標を犠牲にするか，あるいは両方のバランスをとりながら行うしかありません。物価と景気という２つの目標に対して，政策変数は金利か通貨量のどちらか１つだけですから，両方の目標を同時に達成することはできないのです。

**図表4－3 ▶▶▶ 日本のフィリップス曲線**

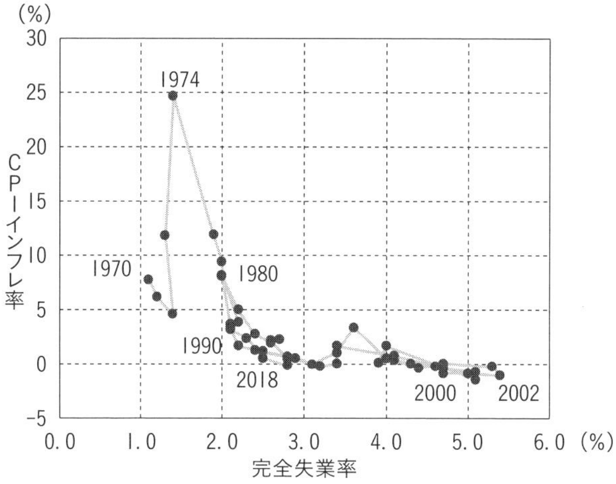


出所：総務省統計局。

一般には，N個の目標を達成するためには政策手段もN個必要ですが，これを**ティンバーゲンの法則**と呼びます。

ただし，過去数十年という時間スパンで見ると確かにトレードオフがありそうですが，最近のデータだけに注目すると，インフレ率が低いために右下部分に集積していることがわかります。インフレ率はほとんど動いていないため，曲線はゼロインフレのあたりでほぼ水平になっています。したがって近年のデータを見る限り，過去のようなトレードオフはもはや存在していないことになります。

高インフレが問題になっていた70年代であれば，景気を拡大することは物価安定を犠牲にすることを意味していました。しかし，近年のようにインフレ率が非常に低い状況では，景気を拡大することが物価の安定と必ずしも矛盾しないのです。

## 2.5 通貨の中立性－金融政策は効果がない？－

マクロ経済学者，とりわけ新古典派と呼ばれるマクロ経済学者によって主張される命題の１つに，**通貨の中立性**があります。通貨の中立性とは，中央銀行が通貨供給量をコントロールしても，生産量や失業率などの実体経済には何ら影響を与えないという考え方です。言い換えれば，実体経済は通貨供給量から中立であるということです。

他を一定とすると，通貨供給量が増えればその分だけ通貨価値は減少しますから，物価水準は上昇します。しかし，このとき相対価格の変化を伴わないのであれば，実体経済を変化させるとは限りません。通貨供給量の変化が引き起こすのは物価水準などの**名目変数**の変化であって，生産量や失業率といった**実質変数**ではないというわけです。

ただしこの主張の大前提は，すべての価格が伸縮的で，相対価格が変化しないことです。**価格の硬直性**があって，全体もしくは一部の生産財価格について価格調整がなされないとすると，相対価格に歪みが生じて実体経済にも何らかの影響があります。

新古典派の説に基づけば，金融政策による景気への効果はないばかりか無駄な物価変動を招くことになるため，裁量的な金融政策はやらないほうがましだ，ということになります。このような説は，**貨幣数量説**と呼ばれます。フリードマンのｋ％ルールは，こうした考え方を背景としてなされた主張です。

新古典派の主張は，価格の調整が完了したケースを想定しているという意味で「**長期**」の経済理論と解釈されます。逆に，価格調整が完了していない「**短期**」の経済理論では，通貨供給量は実体経済に影響を及ぼすため，景気対策は有効であることになります。

マクロ経済学では，「長期」の経済状況を想定したのが新古典派経済学，対して「短期」の経済分析を行うのがケインズ経済学と呼ばれます。積極的な政府の介入を説くイギリスの経済学者ケインズは，『貨幣改革論』［1923］の中で，「長期には我々はみな死んでいる」（“In the long run we are all dead”）と述べるなど，新古典派を痛烈に批判しています。

## Working　調べてみよう

1．各国の中央銀行が掲げている政策目的や，政策変数の違いを調べてみましょう。

2．日本銀行はどのような資産を保有しているのか，調べてみましょう。

## Discussion　議論しよう

1．身近な習慣・行動・活動において，裁量的に行動したほうが良い場合と，ルールに従ったほうが良い場合をいくつか挙げてみましょう。

2．もしルールに従うことが望ましい場合，本当にルールを守るインセンティブがあるのかどうかを考えてみましょう。もしない場合，それはなぜでしょうか。

# 第5章 日本銀行の金融調節①

Learning Points

▶金融政策ではマクロ経済を安定化させることが求められますが，マクロ経済がミクロの家計や企業による自由な経済活動から成り立っている以上，完全にコントロールすることは不可能です。
しかし，金融市場というミクロの市場に介入することで，間接的にマクロ経済に影響を与えることは可能です。金融調節は，そうした間接的なマクロ経済のコントロールを行うための重要な手段です。その意味では，金融調節は金融政策の出発点ともいえます。

▶本章と次章では，日本の金融調節の仕組みをじっくりと見ていくことにしましょう。

Key Words

**コールレート　準備預金制度　準備需要　補完当座預金制度　補完貸付制度**

## 1 短期金融市場
### 金融調節の舞台

### 1.1 コール市場

金融機関は，自らの日銀当座預金残高の状況に応じて他の金融機関との資金のやりとりを頻繁に行っています。一般に，銀行同士が資金のやりとりを行う市場を**銀行間市場**あるいは**インターバンク市場**といいますが，銀行に限らず金融機関同士の短期的な資金貸借を行う市場を，**コール市場**と呼びます。「コール」とは英語の call に由来し,「呼べばすぐに応じる」という意味で，貸借期間の短さを表現した呼び方です。

一般には，金融機関同士に限らず，満期が１年以内の取引を行う金融市場を**短期金融市場**と呼びます。コール市場における取引は，翌日物あるいはオーバーナイト物と呼ばれる１日だけの貸借が最も多く，最も長い満期でも１年となっています。借りたその日のうちに返済する日中コール取引もありますが，取引量はそれほど多くありません。資金の出し手が供給する資金を**コールローン**，資金の取り手が得る資金を**コールマネー**といいます。

図表５－１は，コール市場の出し手と取り手の内訳です。出し手としては，信託銀行や地銀などの割合が高くなっています。一方の取り手としては，都市銀行や証券会社の割合が高いことがわかります。

コール市場では，無担保で貸借を行う**無担保コール取引**と，担保を拠出して行う**有担保コール取引**があります。いずれも直接的に銀行同士が貸借を行う場合もありますし，**短資会社**を通じて取引相手を探すこともあります。短資会社とは，コール市場において**ブローカー**（仲介業者）の役割を果たす会社で，日本では東京短資，セントラル短資，上田八木短資があります。

資金を取りたい銀行は，短資会社に金額や金利等の条件を伝えておくと，短資会社に集まっている資金供給オファーの中から条件の合致した相手先を探し出してくれます。短資会社のこうした**ブローキング**によって，効率的に

**図表5－1 ▶▶▶コール市場の参加者比率（2019年７月）**

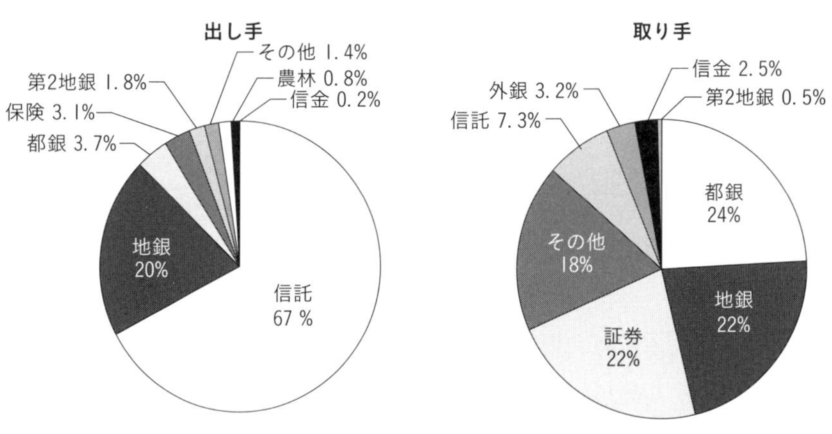


出所：日本銀行（各種マーケット関連統計「コール市場残高」）。

貸借取引を成立させることが可能になります。

また，有担保コール取引では，短資会社自らが資金の出し手となることもあります。これは短資会社の**ディーリング**と呼ばれる業務で，自己勘定で金融機関に貸出を行います。

## 1.2 コールレート－最も短いが最も重要な金利－

コールレートとは，コール市場における貸借取引で成立する金利のことです。例えば，**翌日物コールレート**は，借りた翌日には返済するという翌日物コール取引で成立した金利です。

なお，新聞等で掲載されているコールレートは，翌日物であっても年利で表示してあります。例えば，実際にN日物コール取引の決済日に支払われる利息は，以下のように書けます。

**利息＝元金×N日物コールレート×N÷365**

公表されるレートは市場における平均値である点にも注意が必要です。コール市場での取引は，取引相手や貸借額によって適用されるレートが異なります。日本銀行によって日々公表されるレートは，さまざまな取引で成立したレートについて，取引額に応じて加重平均をとった値です。

伝統的政策の下では，日本銀行の政策金利は無担保翌日物コールレートです。忘れてはならないのは，政策金利とはいうものの，コールレートはあくまでも民間の金融機関同士の取引によって決定されるということです。以前は公定歩合を政策金利としていましたが，これは日本銀行が金融機関に対して行う貸出に適用される金利です。現在では，こうした官制金利を使用することは好ましくないとして，コール市場で決定される金利をオペによって誘導する形をとっています。

# 2 日銀当座預金需要
## なぜ日銀当座預金に預けるのか

金融機関が日銀当座預金（以下，日銀当預と呼びます）に入金しておく必要があるとき，その所要額を**日銀当座預金需要**（日銀当預需要）といいます。日銀当預需要が発生する理由は，大きく２つに分けられます。

１つは，顧客や他の金融機関に支払いをするための資金需要で，これを**決済需要**と呼びます。２つ目は，準備預金制度で規定されている所要準備を積んでおくための資金需要で，これを**準備需要**といいます。以下ではこの２つを順に見ていきましょう。

### 2.1 決済需要

私たちが電気代の支払いや給料の受け取りに預金口座を使用するのと同様に，銀行同士も日銀当預を通じてさまざまな資金の受払いを行っています。例として，あるアパートの借主が，家賃の支払いを銀行振込で行っているケースを考えましょう（図表５－２）。ここでは，A銀行にある借主の口座から，家賃の10万円がB銀行にある大家さんの口座に振り込まれるものとします。

**図表５－２ ▶▶▶ 金融機関同士の決済**

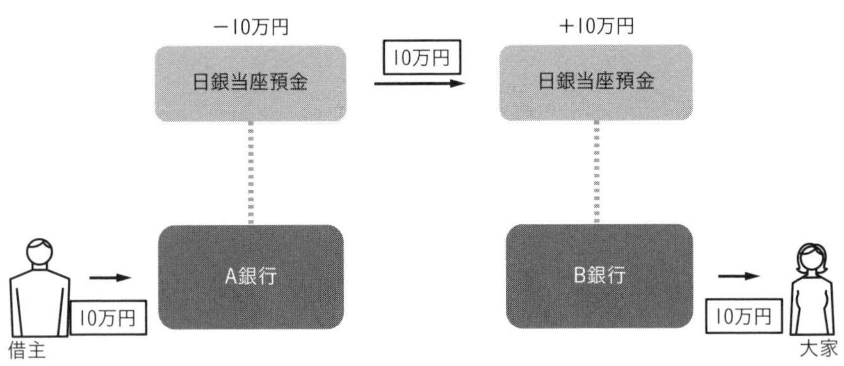

このとき，実際にどのようにしてＡ銀行とＢ銀行がやりとりしているのかというと，まずＡ銀行にある借主の口座から10万円が引かれ，その後Ａ銀行の日銀当預からＢ銀行の日銀当預に10万円が振り替えられることになります。

銀行は，日々行われる膨大な量の他銀行向け支払いに確実に対処できるように，必要な日銀当預残高を維持しておかなければなりません。もし日銀当預が残高不足となり，他銀行向け送金が行われない事態が発生すれば，その銀行の信用を大きく傷つけることになります。そうした事態を起こさないために，すべての決済を確実に実行するのに十分な残高を準備しておくための資金需要が決済需要です。

**図表５－３**は，2019年６月における日銀当座預金を通じた決済額および決済件数（１日平均）です。決済額でみると都市銀行や信託銀行がかなり大きくなっており，決済件数では外国銀行や証券会社といった金融機関の割合も高くなっています。



**図表5－3 ▶▶▶ 業態別の日銀当座預金決済額・件数（1日平均）**

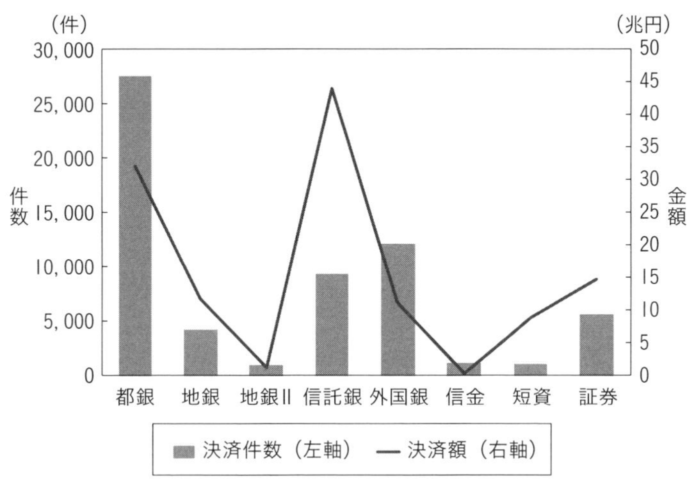


出所：日本銀行「決済動向」2019年６月。

## 2.1.1 決済システム

金融機関同士で行われる決済には，大きく分けて２通りの方法があります。１つ目は，ある特定の時点において，複数の取引の支払い額と受け取り額を差し引いたネットの受払額を計算し，ネット（差額）の金額のみを決済する方式です。これを，**時点ネット決済**（Deferred Net Settlement：**DNS**）と呼びます。もう１つは，取引ごとに即時に全額決済を行う**即時グロス決済**（Real-Time Gross Settlement：**RTGS**）です。

DNSは，例えば13:00，14:00，…のようにあらかじめ決済のタイミングが定められており，各時点においてのみ振替が行われます。あらかじめ決められた時点でしか決済ができませんから，それまでに蓄積された複数の振替がまとめて実行されることになりますが，その際に**ネッティング**が行われます。

例えば，A銀行からB銀行に対して５億円の振替待ち，またB銀行からA銀行に対して２億円の振替待ちがあるとしましょう（**図表５－４**）。このとき，決済時点ではその差額である３億円をA銀行からB銀行に対して振替を行うことで決済が完了します。

DNSでは，実際の振替金額の総額をいちいち準備する必要がないため，流動性を確保する必要性が小さくなるという点がメリットです。一方RTGS

**図表５－４ ▶▶▶時点ネット決済と即時グロス決済**

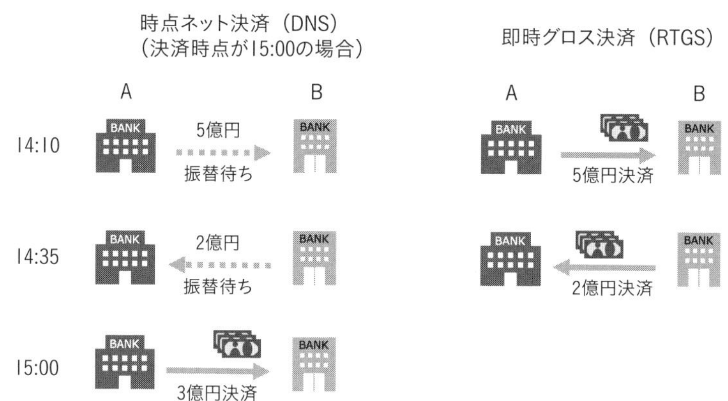

では，振替はその都度全額の決済が行われ，特定の時点で複数の決済をネッティングすることはしません。相手からの受け取り分があるのがわかっていたとしても，それらをネッティングできないので個別に決済金額を用意しなければならず，十分な額を日銀当預に積んでおく必要があります。

以前は決済に必要な流動性が少なくて済むDNS方式が用いられていましたが，現在では1億円以上の大口取引については，日本銀行が提供するオンライン取引システムである**日銀ネット**を通じてRTGS方式で即時決済されます。1億円以下の小口取引については，**全銀ネット**のシステム上でDNS方式によって決済されます。

非効率にもかかわらずRTGS方式を採用するには理由があります。それは，即時に1つ1つの受払いを完了させることで，未決済残高が蓄積して金融システム全体で債務不履行リスクが高まるのを防ぐためです。DNS方式では，未払い残高がある銀行が決済時点までに破綻した場合，その銀行が関係した多くの決済がすべて滞ってしまいますが，RTGSでは個別に決済が行われるため未払い残高が蓄積することはありません。

RTGS方式は，取引相手が支払い不能になった場合のリスクをなるべく早く顕在化させ，決済が未払いとなったときの金融システムへの悪影響を最小限に抑える効果があります。

## 2.2 準備需要

2つ目の日銀当預需要は，預金準備を積んでおくための準備需要です。準備需要を知るためには，準備預金制度の**積み方式**に関する理解が欠かせませんので，これから見ていきましょう。

### 2.2.1 積み方式

最初に，所要準備額の算出についてですが，これは当該金融機関が預かっている当月（1日～月末）の預金残高の平均をベースにします。この当月の平均残高に準備率を掛けた金額が，その金融機関が積まなければならない所要準備額になります。

一方で，積み実績の計算対象期間は，半月先にずれています（図表５－５）。例えば，ある銀行の１月の平均預金残高が100億円で，準備率が1%だとします。このときこの銀行は，１月16日から２月15日にかけての日銀当預の平均残高を１億円以上にしなければなりません。

準備預金制度は，ベースとなる所要準備の算出対象期間と，実際に日銀当預残高を維持する積み期間のずれ方によって，①**同時積み方式**，②**後積み方式**，③**混合方式**，の３種類に分けられます。日本の場合は，算出対象期間に対して実際の積み期間が半月だけ後にずれているので，同時積み・後積みの混合方式ということになります。

これらの方式にはそれぞれに長所と短所があります。同時積み方式は，顧客の預金残高の一部を準備するという観点からすると最も適切ですが，積み期間の最後まで必要な準備額は確定しません。後積み方式では，積み期間前に所要準備額が確定されることがメリットですが，同月の預金残高と所要準備額がマッチしないことになります。日本の採用している同時積み・後積み混合方式は，同時積み方式と後積み方式の双方の長所を活かす方式だといえます。

なお，もし積み最終日までに所要準備額に満たなかった場合は，基準貸付利率＋3.75%を不足分に掛けた額を，翌月の15日までに日本銀行に納めなければなりません。これは預金準備の未達に対する法的なペナルティーです。

しかし，もし未達となった場合には，その銀行に対して「所要準備も調達

**図表5－5 ▶▶▶日本の積み方式**

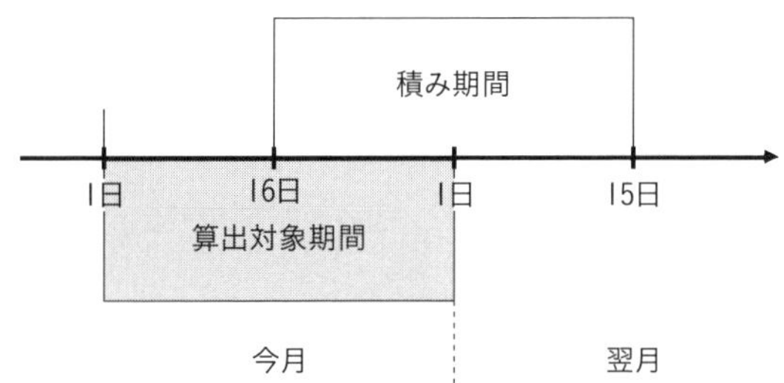

できないほど危ないのか」といった信用不安が起こる可能性が高く，それによって銀行の信頼が傷つくコストのほうが大きいと考えられます。

### 2.2.2 金利平準化機能

日本の準備預金制度では，1カ月間の平均残高が一定額を上回ればいいわけですから，規定額を下回る日があってもかまいません。このような**平均残高制度**は，積み進捗のペースにある程度の柔軟性を与えています。

積み期間において発生する金利の変動を考慮すると，なるべく金利が低いときにコール市場で調達して準備を積んでおき，逆に金利が高いときには貸し手として運用することが有利になります。実際に多くの銀行がこのような積み計画を実行することで，金利が高いときには資金の出し手が増えて金利に低下圧力がかかり，金利が低いときには逆に上昇圧力がかかります。個々の銀行が利益を追求することによって，結果的に金利は平準化されるわけです。

日本銀行がコールレートに誘導目標を設定している場合，現時点のコールレートが誘導目標より高いか低いかが参照基準となり，低ければ日銀当預需要が増えてレートが上昇し，逆に誘導目標より高ければ貸し手が増えてレートが低下します。このように，準備預金制度があるおかげでコールレートが自然に誘導目標に近づくことを，準備制度の**金利平準化機能**と呼びます。

## 2.3 日銀当座預金残高の変動－日銀当預を動かす２つの要因－

以上のように，日銀当預需要は決済需要と準備需要によって発生し，金融機関は資金の過不足があればコール市場で運用･調達します。注意すべきは，日銀当預を通じて金融機関の間で行われた資金移動については，日銀当預残高の合計に全く影響しないという点です。

コール取引には資金の出し手と取り手がいるわけですが，出し手の日銀当預残高が減少する一方で取り手の残高は同額増加しますから，全体の合計は同じです。先の家賃支払いの例で見ても，A銀行の日銀当預が減少しても，

B銀行では逆に増加しますから，金融機関が保有する日銀当預残高の合計は変わりません。

このように，個別で見れば日銀当預需要が増大している銀行が存在しても，全体で見れば需要は全く変わらないということもあるわけです。では，どのような場合に日銀当預残高の合計が変動するのでしょうか。その要因としては，①**銀行券要因**および②**財政等要因**の２つがあります。

### 2.3.1 銀行券要因

民間銀行が保有する日銀当預の残高は，各銀行が預金者の引き出しに合わせて日銀当預から銀行券を引き出すことで減少します。なぜこれが全体の日銀当預残高を減少させるかというと，各銀行の預金者は日銀当預を保有していないからです。

銀行間における振替では，ある銀行の日銀当預残高が減少しても，また別の銀行の日銀当預残高の増加となるため，差し引きでの変化はゼロでした。一方で，引き出された資金の行き先が，金融機関の保有する日銀当預ではない場合，これは純粋に日銀当預残高の減少となります。

### 2.3.2 財政等要因

同様のことが，財政等要因についても当てはまります。各銀行は，税金の支払いや公共事業費の受け入れなど，政府に対する資金の受払いを行っています。例えば，政府への税金の支払いが日銀当預を通じて行われた場合，政府は金融機関ではありませんから，先ほどと同様の理由で日銀当預残高の合計を減少させます。

図表５－６は，それぞれの増減要因ごとに推移を示したグラフです。銀行券要因・財政等要因ともに，季節的な変動が見られることがわかります。銀行券要因と財政等要因によって日銀当預残高が変動するわけですが，実はこうした全体的な変動こそが，日本銀行の金融調節が必要とされる理由です。

個別銀行レベルでの資金需要に対しては，資金に余裕のある銀行が貸し手となりますから，基本的には市場全体での資金の過不足にはつながりません。

**図表5－6 ▶▶▶ 日銀当座預金の増減要因**

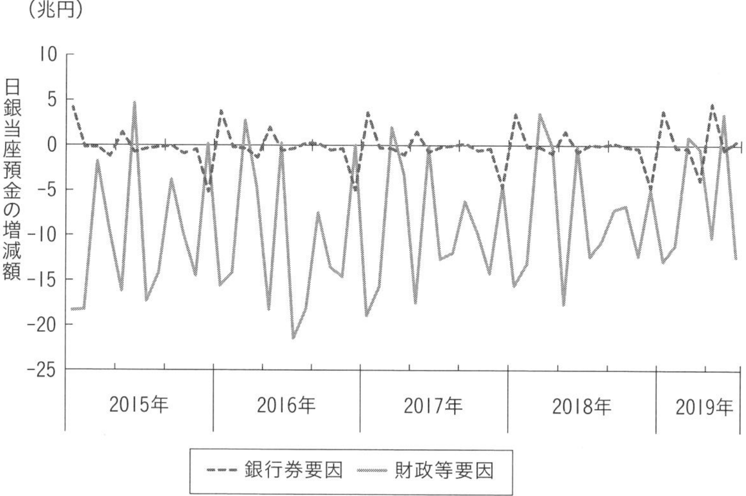


出所：日本銀行（日本銀行関連統計「日銀当座預金増減要因と金融調節」）。

ところが，銀行券要因や財政等要因によって日銀当預残高の減少が起こった場合には，市場全体でも資金不足が発生してしまいます。この場合は市場に任せておくと金利が上昇しますから，日本銀行が資金供給者となる必要があるのです。

### 2.3.3 「すくみ」

しかしながら，全体での日銀当預残高が変わらなくても，資金が偏在することで過不足が発生する可能性はあります。例えば，所要準備の積み不足に陥っている銀行が積み最終日間近に資金調達しようとする場合，その状況を知っている貸し手は，足元を見て出し渋ったり，高い金利を要求したりするかもしれません。こうしたにらみ合いの状況を「**すくみ**」（gridlock）と呼びますが，これを放っておけばコールレートは乱高下する可能性があります。

しかしこのような場合においても，日本銀行が資金供給者として常に存在することで，コールレートが乱高下する事態を防ぐことができます。日本銀行から適正金利で借りられる選択肢があるのであれば，貸し手銀行が高い金

**図表5－7 ▶▶▶ 準備制度適用先の準備預金残高と所要準備額**

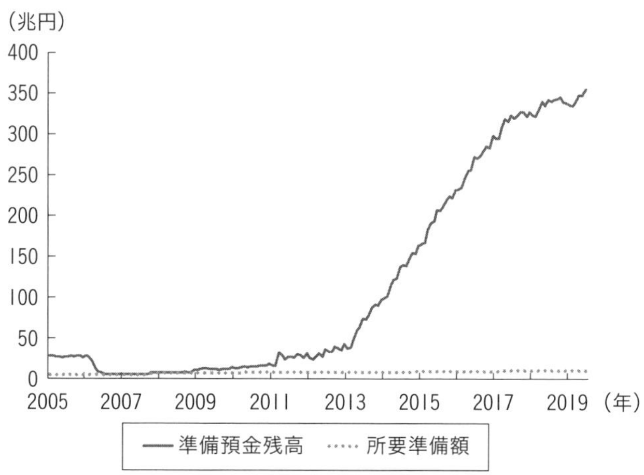


出所：日本銀行（日本銀行関連統計「業態別の日銀当座預金残高」）。

利を要求してきた場合には日本銀行から借りればよく，それを理解している貸し手は，そもそも高い金利を提示しなくなるからです。金融調節は，「すくみ」が発生することを未然に防ぐ抑止力ともなっているわけです。

金融調節については金融政策の出発点としての役割が注目されがちですが，実際のところ，金融機関同士で日々行われている膨大な量の決済が滞りなく行われるような環境をつくることが，最も大切な役目です。

政策金利であるコールレートを誘導する作業は，日常的に発生する日銀当預需要の過不足を解消しながら行っていかなければなりません。これを可能にするためには，日銀当預需要の変動を事前に高い精度で予測することが求められます。こうした高度に技術的な金融調節は，「中央銀行のアート」と称されることもあります。

# 3 コールレートの上限と下限
## 「コリドーシステム」とは



### 3.1 コールレートの下限－補完当座預金制度－

民間銀行は日銀当預に法定準備を積む必要がありますが，所要準備額以上に積んでももちろんかまいません。実際，近年では所要準備額を大きく上回る**超過準備**が積まれています（図表５－７）。

ただし，ゼロ金利となる以前の90年代まではそうではありませんでした。コールレートが正の値をとっているときは，金利の付かない日銀当預に積んでおくとコール市場で運用していれば稼げたはずの金利が得られなくなるわけですから，その分が超過準備の機会費用となります。そのため，日銀当預残高は法定準備に必要なギリギリの額にとどめ，残りはコール市場で運用するほうが得策です。

ところがコールレートがほぼゼロになると，超過準備の機会費用もゼロになります。この場合には，超過準備を保有することとコール市場で運用することが無差別になりますから，超過準備額が増加しても不思議ではありません。

2008年11月，日本銀行は，法定準備額を上回る超過準備に対して0.1%の金利を付与することを決定しました。これを**補完当座預金制度**と呼びます。この制度が導入された背景には，超低金利状態のなか有望な運用先が少なく，膨大な超過準備が長年にわたって積みあがっていたことがあります。過剰準備は銀行にとって何の収益も生まないわけですから，金利を付与することで銀行の収益を助ける側面があります。

しかしこの制度の最大の役割は，この制度で適用される利率が，市場金利の下限を形成することです。この点を詳しく見てみましょう。

#### 3.1.1 フロア効果

金融機関は，なるべく収益率の高い先で運用しようとします。ただし，金利が高い先で運用すれば収益率も高いかというと，そうではありません。通常は金利が高ければリスクも高いので，必ずしも利益が出るとは限りません。高い収益を得るためには，それに見合ったリスクを取らなければいけないからです。

その点，日銀当預はどうでしょうか。これは日本銀行の供給する預金なので，日本銀行がつぶれない限り損失はありません。つまり，現実的にはリスクはゼロです。補完当座預金制度は，リスクがゼロの資産に対して金利を付ける制度と解釈することができます。

リスクがゼロということは，日銀当預で得られる金利より低い金利の運用先があったとしても誰も運用しませんから，補完当座預金制度の適用利率は必然的に市場金利の下限になるはずです。これを**フロア効果**といいます。

厳密には，補完当座預金制度の対象外となる金融機関の存在によって下限ではなくなる可能性もあるのですが，少なくともこの制度によってコールレートが下支えされる効果はあります。

### 3.1.2 フロアとしてのマイナス金利

2016年1月，日本銀行は補完当座預金制度を大幅に改正し，適用利率を3段階に設定しました。新制度では，各金融機関の保有する日銀当預残高を「基礎残高」，「マクロ加算残高」および「政策金利残高」と3つに区分し，それぞれ0.1%，0%，−0.1%の金利を付与するという3段階構造になっています。

「基礎残高」とは，この新制度が導入されるまでに保有していた日銀当預残高（実際には2015年中の平均残高で算出）を指し，そこから所要準備額を除いた部分に対して従来通り0.1%を付利します。「マクロ加算残高」とは，所要準備額に加えて，当座預金総額の時間変化に応じて日銀が基準比率を乗じて算出される金額を指し，両者の合計に対する付利は0%が適用されます。「政策金利残高」とは，各時点の日銀当預残高から上の2つの残高を引いた残りの金額を指し，その部分には−0.1%の**マイナス金利**が課されます。

−0.1%ということは，金融機関は政策金利残高の0.1%分を日本銀行に支払う必要があるということです。民間銀行であれば，預金者に対してマイ

## 図表5－8 ▶▶▶ 2008年以降のコールレート

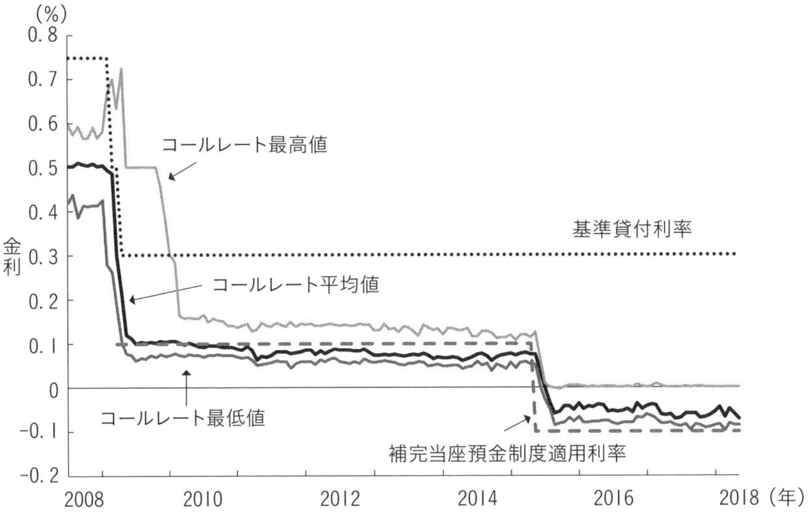


注：2016年1月以降の補完当座預金適用利率は政策金利残高への付利分。
出所：日本銀行(日本銀行関連統計および各種マーケット関連統計「コール市場関連統計」)。



ナス金利を課したとなれば預金者は預金を引き出してしまいますから，最低でも預金金利は0%が下限になると考えられます。しかし，日銀当預の場合，むしろ預金者である金融機関に引き出してもらって，それを企業への貸し出しやリスク資産の購入に充ててもらうことを狙いとしています。

2016年1月の制度導入当初において，日銀当預残高約260兆円のうち基礎残高が210兆円，マクロ加算残高が40兆円，および政策金利残高が10兆円ほどとなっており，マイナス金利が適用される割合はわずかにすぎませんでした。

ところが，コールレートのフロアとして機能していた補完当座預金制度の適用金利が一部マイナスになったことを受け，制度導入後すぐにコールレートはマイナスとなりました（**図表5－8**）。以前は，金利はゼロ以下にはならないという「ゼロ金利制約」がコールレートを0%以上に保っていましたが，日銀当預残高に対してマイナス金利を課すという日銀の決定によって，コール市場においてもこの制約が外される形になりました。

金利がマイナスであるとは，お金の貸し手が借り手に対して正の金利を支払うということです。普通に考えれば，金利を払ってまで相手にお金を貸すのは非合理的な行動に見えます。ところが，現在では日本のみならず，世界中の金融市場でマイナス金利が成立しているのです。それはなぜでしょうか。

もしある金融機関が，コール市場においてマイナス金利ではお金を貸さないという選択をした場合，資金は日銀当預にそのまま積まれることになります。このとき，日銀当預残高に対して日銀がマイナスの金利(例えば−0.1%)を設定していれば，この金融機関は日銀に金利を支払わなければなりません。日銀当預に預けておいても損失が発生するわけですから，この金融機関はそれより高い金利でありさえすれば，たとえマイナスの金利であっても（例えば−0.05%など）コール市場で貸し出しを行うほうが合理的です。

より一般的に言えば，貸さないことのコストが貸すことのコストよりも大きければ，マイナス金利でも貸したほうが良いわけです。日銀当預にマイナス金利を設定することで，市場で資金を運用しないことのコストを発生させ，結果としてより低い金利が市場で成立するように誘導する仕組みになっているのです。海外諸国で観察されるマイナス金利も，基本的には各中央銀行によって設けられた同様の枠組みが背景にあります。

ただし，マイナス金利には短所もあります。日本では銀行の資金調達における預金の割合が高く，その預金金利はすでに0%近くまで下がっているという現状があります。調達コストである預金金利が下がらない状況で運用利率が低下すれば，運用益の低下は免れず，金融機関の経営に悪影響を及ぼす可能性は否定できません。そこで日本銀行は，政策金利残高の割合が増えて金融機関の負担が大きくなりすぎないよう，基準比率を適宜見直すことでマクロ加算残高の割合を調節するとしています。

また補完当座預金制度の下では，基準比率の見直しや適用利率そのものを変更することで，直接的に市場に介入することなく実効的に金利の調節を行うことができます。こうした方法は，資金吸収オペによって国債価格が急落する恐れがある場合など，公開市場操作を通じた金利引き上げが難しい場合に有用だと考えられています。

## 3.2 コールレートの上限－補完貸付制度－

日本銀行は，金融機関からの申し出があった場合には直接的に貸し出すこともあります。**補完貸付制度**あるいは**ロンバート型貸出制度**はその１つで，貸付期間は１営業日です。ここで適用される金利が，**基準貸付利率**あるいは**基準割引率**で，従来は公定歩合と呼ばれていた金利に相当します。

この制度を利用して借り入れを行うためには，日本銀行が適格とする担保が必要です。具体的には，国債，地方債，社債，コマーシャル・ペーパー（CP）などが適格担保とされます。

### 3.2.1 キャップ効果

この補完貸付制度ですが，資金難に陥った金融機関に手を差し伸べるという目的もあるのですが，やはりもう１つの重要な役割があります。それは，基準貸付利率が翌日物コールレートの上限を形成することです。

資金調達を試みる金融機関は，なるべく金利の低いところから調達しようとします。しかし借入先を探した結果，基準貸付利率よりも高い金利を提示する相手しかいなかったとしたらどうでしょうか。その場合には，日本銀行から補完貸付制度を利用して借り入れることが最も金利コストが低くなります。

したがってこの制度を前提とすると，資金の出し手は基準貸付利率よりも低い金利を提示するでしょう。そうしなければ，相手は日本銀行から借りてしまうからです。このように基準貸付利率がコールレートの上限となることを，**キャップ効果**と呼びます。

### 3.2.2 コリドーシステム

補完貸付制度によるキャップ効果と，先に述べた補完当座預金制度によるフロア効果を合わせると，翌日物コールレートには上限と下限が形成されることになります（図表５－９）。この仕組みを，**コリドー（回廊）システム**と呼びます。

フロア効果とキャップ効果をうまく利用し，コール市場に直接的に手を加えることなく金利の上下幅を制限することで，市場メカニズムを活かしつつ過度の金利変動を抑制することができます。ここに，日本銀行が補完当座預金制度と補完貸付制度を設定した重要な意図があります。

しかしながら，実際には補完貸付制度を自ら進んで利用しようとする金融機関はあまりいません。なぜなら，この制度を利用した金融機関に対して，「市場で調達できないほど危ないのか」という風評が立つ恐れがあるからです。このように風評を恐れる現象は「**スティグマ**」と呼ばれます。

日本銀行から借りることで調達能力がないというシグナルを出すことを金融機関が嫌うのであれば，基準貸付利率はコールレートの上限にはなりません。また，補完貸付制度を利用したくても，日本銀行が求める適格担保がなければそもそも利用できません。そうした場合には金利が高くても市場で調達することになりますから，この場合もキャップ効果が働かないことになります。

実際に，**図表５－８**からこうした現象が確認できます。2008年の10月頃から2009年の9月頃にかけて，コールレートの最高値が基準貸付利率を上回っているのがわかります。これは2008年9月に発生したリーマンショッ

**図表5－9 ▶▶▶コリドーシステム**

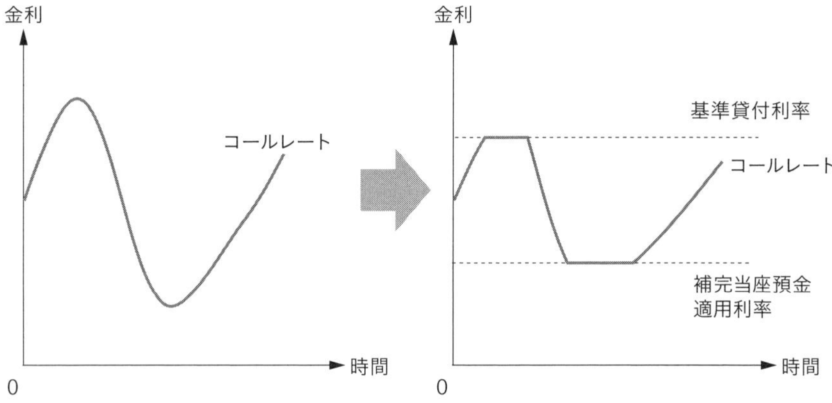

クの影響で前述の「スティグマ」が表面化したケースだと考えられます。

もう1つ，この図で注意すべきは，マイナス金利を導入した2016年より以前において，コールレートの水準が下限となるはずの補完当座預金制度の適用利率を下回っている点です。本来であれば，コールレートの最低値がコリドーのフロアと同じかそれより高くなるはずですが，コールレートの平均値ですらフロアより低い値をとっています。

このような現象が起こる理由としては，補完当座預金制度の対象外となる先（例えば保険会社や投資信託など）がコール市場で運用を行っていることが大きな要因です。準備預金制度の対象先である金融機関に関しては，もし日銀当預への付利よりもコールレートが低ければ，コール市場で運用するインセンティブはありません。しかし，対象先以外についてはそもそも付利を得られないため，それよりも低いレートで運用することがあります。このことがコールレートの平均を押し下げ，コリドーのフロアを下回らせる要因となっています。

## Working　調べてみよう

1．日本と欧米について，近年の政策金利の推移を比較してみましょう。

2．海外の中央銀行について，政策金利のコリドーシステムを採用しているかどうか調べてみましょう。採用している場合は，図表５－８と同様の図を作成してみましょう。

3．2016年のマイナス金利導入以降，国債などの長期金利はどのような影響を受けたでしょうか。満期ごとに調べてみましょう。

## Discussion　議論しよう

1．日本銀行は公定歩合を廃止しましたが，なぜ市場で決まる金利（翌日物コールレート）を政策金利に採用したのでしょうか。

2．日銀当預需要の銀行券要因は季節的な影響を強く受けますが，それはなぜでしょうか。また，どのような時期に銀行券需要が高まるでしょうか。

# 第6章 日本銀行の金融調節②

Learning Points

▶前章では，金融調節の舞台となるコール市場で行われる資金のやりとりや，準備預金制度，およびコールレートの決まり方について説明しました。本章では，金融調節の実行手段であるオペレーションのしくみについて詳しく見ていきます。

▶金融政策の出発点となる金融調節の方針がどのようなプロセスで決定されているのかについても，簡単に紹介します。

Key Words

**公開市場操作　日中当座貸越　政策委員会　金融政策決定会合**

## 1 金融調節の手段
オペレーションの実行

### 1.1 日銀当預残高の調節

日本銀行は，金融機関の資金需要の過不足に応じて日銀当預の供給・吸収を行うことで，コール市場で決まる翌日物コールレートを目標水準に誘導します。

ただし，前章でも指摘したとおり，金融調節の基本は，金融機関が行う膨大な量の決済が円滑に行われるような環境を整えることにあります。金利を誘導するということは，金融機関の日常的な資金需要を満たしつつ，プラスアルファを加味して日銀当預残高の調節を行うということです。金融調節は金利誘導のためにあると考えるのではなく，金融機関の資金需要に応答することの延長線上として捉えるのが適切です。

### 1.1.1 取引相手の選択

金融調節とは日銀当預残高の調節を指しますが，これを行うに際して決定すべき事項がいくつかあります。まず，日銀当預の供給・吸収を行うための取引相手をどう決めるかです。

1つ目の方法は，直接的に特定の個別金融機関と資金のやりとりを行う方法が考えられます。これは**個別相対型**と呼ばれる方法で，代表的なものには補完貸付制度があります。

2つ目は，多数の金融機関を相手にした方法です。現在主流になっている**公開市場操作（公開市場オペレーション）**がこれにあたり，後に詳しく説明しますが，一般には入札方式で良い条件を提示した相手から順に取引を成立させます。

### 1.1.2 オペ期間の選択

もう1つの決定すべき点は，日銀当預の供給・吸収を行う上で，どれくらいの期間を設定するかという問題です。

単純に考えると，政策金利が翌日物コールレートである場合には，オーバーナイトの資金を供給・吸収することで資金需要の過不足を解消すればそれで十分なように思えます。しかし，これは非常に非効率です。1日限りの資金供給・資金吸収を繰り返していては，行うべき取引量が膨大になってしまうからです。

では，長い期間にわたって資金を供給・吸収したほうが良いのかというと，これも一概にそうとはいえません。例えば，期間1年以上のオペレーションだけを行うとすると，日々の細かな資金需要の変動を吸収するために長期国債を頻繁に売買する必要があります。そのため，長期国債の価格や金利に大きな影響を及ぼす可能性があります。

現在の金融調節では，日常的な日銀当預の過不足を調節する**一時的オペ**と，より長い期間にわたる資金需要の変化に対応するための**永続的オペ**に分かれています。

一時的オペによる資金供給・吸収については，貸借あるいは期限付き売買の形を取ります。例えば日銀当預の供給を行う場合，日本銀行は金融機関から期限を付けて国債を借りるか，もしくは売り戻し条件を付けて国債を買い取り，それに見合った日銀当預を取引相手に供給します。

日本銀行が国債を借りる取引を**レポ**，売り戻し条件付きで国債を買い取る方式を**買い現先**といいます。一般にレポとは，債券を借り入れた側が現金を担保として差し出し，期日が来たら現金と引き換えに債券を返却する取引のことです。

あらかじめ決められていた一時的オペの期限が来ると，日本銀行は国債を返却もしくは売却するので，金融機関の日銀当預残高がその時点で減少します。つまり，一時的オペでは必ず将来に資金が逆戻りすることになります（**図表6－1**）。一時的オペでは，日々の日銀当預需要の変動を効率的に吸収できるように，さまざまな期間のオペを組み合わせて行っています。

これに対して，永続的オペは基本的に買い切りまたは売り切りですので，資金が逆戻りすることを約束していません。このようなタイプの取引を，**アウトライト取引**といいます。永続的オペは，基本的に経済成長などの理由により長期にわたってトレンドとして変化する資金需要に対応するために行わ

**図表6－1 ▶▶▶一時的オペと永続的オペ**

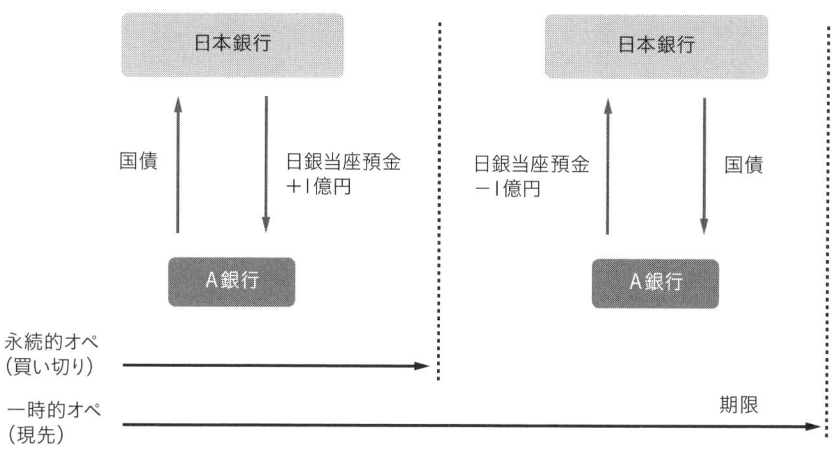

れ，日々の日銀当預需要の変動を吸収する目的では行われません。

さまざまな期間の一時的オペで日々の日銀当預需要の変動を吸収しつつ，より長いスパンで変化する資金需要に対しては永続的オペで応じることで，より効率的に金融市場調節を行うことができます。

## 1.2 公開市場操作のしくみ

### 1.2.1 オペレーションの種類

では，具体的にオペレーションの種類を見てみましょう。図表6－2は，現在行われている日本銀行のオペレーション一覧です。

一時的オペのなかでもメインになっているのが**共通担保資金供給オペ（共通担保オペ）**で，期間1年以内の貸付です。共通担保オペでは，金融機関は日本銀行に対して適格な担保を差し出し，それと引き換えに定められた期日までお金を借ります。

ここで注意すべきは，共通担保オペは一時的オペなので，期日が来ればその時点で資金吸収オペになるという点です。新聞やテレビなどのメディアでは，日銀がオペレーションで大規模に資金供給を行ったと伝えることがあり

**図表6－2 ▶▶▶オペレーション一覧**

| 資金供給オペ | | |
|---|---|---|
| ●共通担保資金供給オペ | ●国庫短期証券買入れオペ(注) | ●米ドル資金供給オペ |
| ●国債買現先オペ | ●国債買入れオペ(注) | ●カナダドル資金供給オペ |
| ●CP等買現先オペ | ●CP・社債等買入れオペ(注) | ●英ポンド資金供給オペ |
| | ●ETF・J-REIT買入れオペ(注) | ●スイスフラン資金供給オペ |
| | ●平成二十八年熊本地震にかかる被災地金融機関を支援するための資金供給オペ | ●ユーロ資金供給オペ |
| | | ●被災地金融機関を支援するための資金供給オペ |

| 資金吸収オペ | | |
|---|---|---|
| ●国債売現先オペ | ●国庫短期証券売却オペ(注) | ●手形売出オペ |

注：永続的オペ。
出所：日本銀行。

ますが，実際には過去に行われたオペレーションの期限も随時やってくるので，資金供給オペの裏で同時に日銀当預の吸収も行われています。例えば，現時点の共通担保オペによる日銀当預供給額と，過去の一時的オペの期限到来による吸収額を両方考慮しなければ，今回の共通担保オペによる純粋な供給額はわかりません。

**図表6－2**で示されるようにオペにはさまざまな名前が付けられていますが，名前の付け方によって一時的オペか永続的オペかがわかります。一時的オペが，「共通担保オペ」，「現先オペ」，「資金供給オペ」等です。永続的オペには，「買入れオペ」や「売却オペ」と付けられたものが相当します。

なお，5種類の外国通貨についての資金供給オペが並んでいますが，これは2008年の**リーマンショック**後に開設された新しい手法で，日本の金融機関に対して外貨を供給するためのオペです。

外貨は海外の中央銀行によって発行されるものですから，日本銀行が直接供給することは本来できません。しかしリーマンショック後，本国の通貨だけでなく外貨についても自国で調達できるようにするため，日本銀行を含めた6つの中央銀行が相互に通貨を貸借できるような制度が創設されました。これを**中央銀行間スワップ取極**（とりきめ）と呼びます。

この制度のおかげで，日本の金融機関は日本銀行のオペを通じて米ドルやユーロを調達することが可能になりました。元来はリーマンショック後の危機対応策でしたが，現在では常設化されています。

### 1.2.2 入札制度

オペにおいて取引先となる金融機関は，基本的に入札によって選定されます。例えば，貸付であれば金融機関にとっては金利が低いほど借入コストが低くなりますが，その中でも高い金利を提示した金融機関から順にオペ先として選定されます。ただし共通担保オペでは，金利入札に加えて固定金利方式による貸付も行われます。

オペ先を選定する入札については，すべての金融機関が参加できるわけではありません。オペごとにそのオペの対象となる金融機関を事前に公募し，応募してきた中から日本銀行が選んだ先しか入札に参加できないことになっています。これは**プライマリーディーラー制度**と呼ばれ，選定基準をクリアした金融機関には「日銀お墨付き」として一種のステータスが与えられます。

選定基準としては，自己資本が十分あるなど信用力が高いことに加え，過去の入札における落札実績も考慮されます。過去の落札実績が考慮されることで，落札数が少ない金融機関は将来的にプライマリーディーラーから外される懸念が生じますから，多少無理をしてでも入札に参加するインセンティブが生じます。

## 1.3 日中当座貸越－無利子で借りられる日銀の貸出－

公開市場操作においては，日本銀行がまず入札をかけ，それに対して複数の金融機関が応じるわけですが，それとは逆に金融機関側から日本銀行に対して貸付を申し出るのが，個別相対型の貸付です。

個別相対型貸付には，満期１日以内の貸付も存在します。これは**日中当座貸越**と呼ばれる貸付制度で，金融機関が日本銀行に預けている担保価値の範囲内であれば，無利子で借りることができます。その日に借りた資金はその日の営業時間が終了するまでに返済しなければならず，違反した場合はペナルティーとして基準貸付利率＋６％の金利が課せられます。

日中当座貸越は，DNS（時点ネット決済）よりも多くの流動性を必要とするRTGS（即時グロス決済）が2001年に導入されたことにあわせて開始された制度です。RTGS方式では，決済１件ごとに流動性を準備する必要があることから，各金融機関がお互いに他からの資金の受け取りをした後でしか資金を手放さないという一種の「すくみ」状態に陥ることが懸念されます。日中当座貸越によって流動性を確保する不安が解消されることで，すくみを防ぐ効果があると期待されます。

こうした１営業日内での貸付けを**日中与信**ともいいますが，無利子であるため金融機関にとって利用するメリットは大きいと考えられます。決済を行うために一時的に多くの資金が必要な場合でも，担保の範囲内であればこの制度によって日本銀行から無利子で調達できますから，必ずしもコール市場において調達する必要はありません。コール市場において資金調達を行う必要があるのは，その金融機関の担保価値を上回る資金が必要になった場合です。

例として，日銀当座預金に100億円の残高がある金融機関を考えましょう。いま，1日を通して決済を行っていく上で，資金が110億円必要な時間帯があるとします。このとき，この金融機関が日本銀行に預けている担保の価値が10億円以上であれば，コール市場における資金需要に変化はありません。日中当座貸越で一時的に10億円を借り入れることで，すべての決済を実行できるからです。しかし担保価値が6億円であった場合は，残りの4億円をコール市場で調達する必要がありますので，コールマネー需要が4億円増加します。

コール市場における需要の変化は，金融機関が預けている担保の価値を上回る資金需要がどれだけあるかによって決まるわけです。これを式で書くと次のようになります。

**コールマネー需要 ＝ 必要資金額 － 日銀当預残高 － 預入担保価値**

または，

**必要資金額 ＝ 日銀当預残高 ＋ 当座貸越調達分 ＋ コールマネー需要**

この式から明らかなように，コール市場で資金需要がどれだけ発生するかは，日本銀行に預けている担保価値がどれだけあるかに左右されます。コールレートを誘導するためには金融機関の資金需要を予測することが必要ですが，その際，金融機関が預けている担保価値の変動を的確に予測することも大事になってくるわけです。

**図表６－３**は，2019年6月時点の日中当座貸越の残高とコール取引残高を比較したものです。近年の大規模な金融緩和の影響で日中当座貸越残高は

図表6－3 ▶▶▶日中当座貸越残高

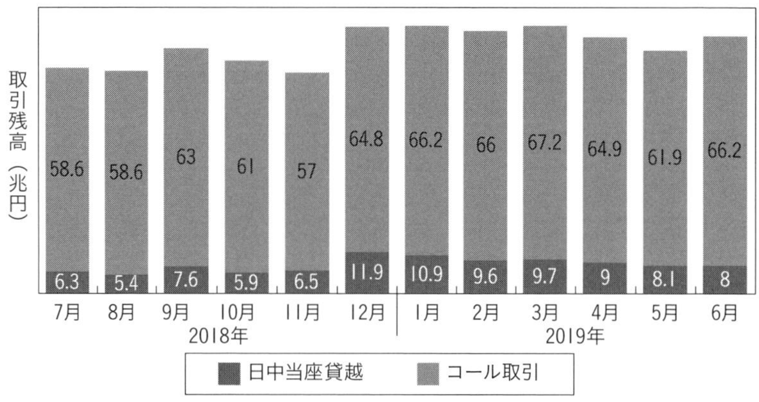


注：当座貸越は日中ピーク残高の月中平均，コール取引は1営業日平均。
出所：日本銀行「決済動向」2019年6月。

コール取引よりは金額が少ないですが，それでも1日のピークで平均5兆～10数兆円の利用があり，重要な資金調達の手段とされていることがわかります。

# 2 政策決定のプロセス
誰がどのように金融政策を決めるのか

## 2.1 政策委員会－金融政策を決める9人－

金融政策の実行手段である金融調節は，日本銀行に設置された**政策委員会**においてその方針が決定されます。政策委員会は，総裁1名，副総裁2名，審議委員6名の計9名で構成され，各委員の任命は国会の同意を経て承認されます。

政策委員のバックグラウンドはさまざまで，日本銀行出身者，経済学者，民間企業出身者，官庁出身者などがバランスを考慮されて配置されるのが慣例となっています。性別構成を見ると，男性8名，女性1名という構成が過去から長い間続いており，実質的には固定化されています。

政策委員の任期は5年で，再任されることもあります。任期については，過半数の委員の任期が同時に切れることがないようにずらして設定されており，過去に行ってきた議論が大きく断絶することがないように（少なくとも制度上は）なっています。

金融政策の方向性を示す**金融市場調節方針**が決定されるのは，政策委員会の中でも**金融政策決定会合**と呼ばれる会合で，年に8回のペースで開かれます。なお，政策委員会は一般企業における取締役会に相当しますので，金融政策決定会合の他にも週2回の**通常会合**を開き，金融政策以外の業務全般・経営管理に関する決定を行っています。

透明性を保つ観点から，年の半ば頃に先行き1年分の金融政策決定会合のスケジュールが公表されます。ただし，必要であれば臨時の会合を開くこともできるので，スケジュール外の決定会合が行われることもあります。

決定会合における意思決定は，9名の投票による多数決によって決まります。政府関係者も会合に同席することが許可されていますが，投票権はありません。過去の政府関係の出席者を見ると，内閣府および財務省の審議官や副大臣といった人々が出席することが多いようです。

### Column　日銀総裁人事

日本銀行の総裁人事は，金融政策の方向性に大きく影響するため多大な注目を集めます。

過去の総裁人事を見ると，1998年の速水総裁（日銀出身）までは大蔵省（現財務省）事務次官の経験者と日銀出身者が交互に就任するケースが続きました。これは「たすき掛け人事」と呼ばれますが，大蔵省と日銀のバランスを考慮したものと考えられます。

日本銀行の独立性を掲げた新日銀法が1998年に施行された後は，速水，福井，白川と日銀出身者が3人続いて総裁に就きました。

基本的に，新総裁の選任の際は新副総裁2人の選任も同時に行われます。ただし福井総裁の退任後は，新総裁候補に財務省出身者を提案した人事が参議院第一党である民主党の同意を得られなかったことから，総裁ポストは一時空席になりました。結局，一度副総裁に就任した白川氏がその後総裁へと昇格する形になりました。

2019年9月現在の体制は，財務省出身の黒田総裁，それぞれ経済学者および日銀出身の若田部・雨宮副総裁と，執行部の出身はすべて異なる構成となっています。

政府関係者は投票権を持ちませんが，自ら議案を提出することや，議決をとることを次回の会合まで延期することを要求する**議決延期請求権**が与えられています。

議決延期請求権は，実際に行使された例があります。2000年8月，当時の速水総裁を議長とする政策委員会は，デフレ懸念は払しょくされたとしてゼロ金利解除を提案しました。しかし，当時の政府は金利引上げを時期尚早と見ており，この提案に強く反発します。そこで政府関係の出席者が，議決を次回に持ち越すよう要求したのです。

結果的には，政策委員会が政府の議決延期要求を否決し，ゼロ金利解除が決定されました。ただ，中央銀行が政府の要求をはねつけた形になったこの出来事は，中央銀行の独立性とは何かについて議論を呼ぶきっかけとなりました。

### 2.2 金融市場調節方針の決定

金融政策決定会合で金融調節の方針が決定されると，会合終了後その簡潔な内容が公表されます。図表6－4は，2013年10月31日の決定会合後に発表された金融市場調節方針です。

金融政策決定会合で行われた議論の大まかな内容は，次回の決定会合の3日後に公表される**議事要旨**で知ることができます。議論における発言内容がすべて掲載された**議事録**は，会合の10年後に公表されます。

図表6－5は，海外中央銀行の議事録・議事要旨の公開についての取り決めです。アメリカの中央銀行である**連邦準備制度理事会**（Federal Reserve Board：**FRB**）では，日本銀行の政策委員会に相当する**連邦公開市場委員会**（Federal Open Market Committee：**FOMC**）の議事録公開は5年後となっています。**欧州中央銀行**（European Central Bank：**ECB**）は原則30年後，英国の**イングランド銀行**（Bank of England：**BOE**）は8年後です。

なぜ議事録を何年もの間秘密にしているのかというと，委員の発言内容が

**図表6－4 ▶▶▶金融市場調節方針 2013年10月31日**

2013年10月31日
日　本　銀　行

当面の金融政策運営について

日本銀行は，本日，政策委員会・金融政策決定会合において，次回金融政策決定会合までの金融市場調節方針を，以下のとおりとすることを決定した（全員一致）。

マネタリーベースが，年間約60～70兆円に相当するペースで増加するよう金融市場調節を行う。

以　上

出所：日本銀行ホームページをもとに筆者作成。

**図表6－5 ▶▶▶金融政策決定会合の議事要旨・議事録の公表時期**

（2018年9月現在）

| | 日本銀行 | FRB | 欧州中央銀行 | イングランド銀行 |
|---|---|---|---|---|
| 会合名称 | 政策委員会・金融政策決定会合 | 連邦公開市場委員会（FOMC） | 政策理事会 | 金融政策委員会 |
| 開催頻度 | 年8回 | 年8回 | 6週間毎 | 年8回 |
| 議事要旨の公表 | 次回会合の3営業日後 | 3週間後 | 4週間後 | 政策決定と同時 |
| 議事録の公表 | 10年後 | 5年後 | 30年後 | 8年後 |

出所：日本銀行ホームページをもとに筆者作成。

すぐに公表された場合，たとえそれがその会合での決定とは直接関係していなくても，市場の混乱を招く恐れがあるためです。

もし，自らの発言内容が市場に伝わることを前提として会合を行うと，発言に対して市場がどう反応するかを考慮した上で発言する必要が出てきます。例えば，利上げの必要性を強く訴える委員が複数いることが判明すれば，その事実だけで市場金利が上がってしまうかもしれません。

そうした状況においては，政策委員は市場の反応を予測した上で発言を行うことになりますが，今度は市場の反応を考慮した発言に対して市場がどう反応するかを，同様の理由でもう一度予測する必要があります。

これを**高次の予測**といいますが，このように考えていくと，委員の発言と市場反応のフィードバックは延々と続きますから，正しい発言は何なのかがわからなくなってしまいます。発言内容を委員の任期後まで秘密にしておくことで，こうした不要な混乱を避け，活発な議論を喚起することができます。

金融政策決定会合における議論の進め方としては，まず前半に日本銀行の事務スタッフによって金融市場の動向や国内外のマクロ経済動向に関する説明がなされ，それに対する質疑応答が行われます。その後，各委員が見解を述べ，場合によっては政策委員自身による議案が提出されます。さらに，政府関係者の意見聴衆を必要に応じて行い，議長である総裁が提出した議長提案および政策委員の提出議案に対して採決を行います。

**図表６－６**は，2001 年 3 月 19 日に開かれた金融政策決定会合の議事録の一部です。詳しくは後の章で説明しますが，この日速水総裁を議長とする政策委員会は，それまでの翌日物コールレートから日銀当預残高（５兆円）へと政策変数を変更しました。これを**量的緩和**と呼びます。

量的緩和の導入は史上初の試みであり，金融政策の歴史上非常に重要な日となりました。議事録を読むと，当時の政策委員による不安と責任感が入り混じった議論の様子がよく伝わってきます。

### 図表6－6 ▶▶▶ 金融政策決定会合議事録 2001 年3月 19 日（pp. 105-107）

植田委員

最初の当座預金残高５兆円は大まかにゼロ金利を実現するための金利調節である。その後予想される道筋は，暫く経ってみると大して景気も良くならないし，場合によっては物価も下がり続けている。そして日銀に対してさらなる緩和要求が来て５兆円といったように動かせるものを作ってしまったから６兆円にしよう, ７兆円にしようとなる訳である。（中略）それで期待インフレ率が上がって金利が上がっていったり，景気がよくなっていくとなれば良いが，ならないと地獄になる。

武富委員

そう，地獄だ。量的緩和で，後は市場や世の中が何をみて日銀にもっと緩和をとどういう論理で言ってくるのかであるが，恐らく論理はないと思う。（中略）そうするともっともっともっとということになる。

植田委員

願わくはこのようなことをしても意味がないなと途中で納得してくれることを期待することではないか。

武富委員

まさに量にコミットしても実際に期待インフレ率が上昇しなければ意味がなかったときっちり認める何か別の理屈が必要と思う。

植田委員

しかし我々としてもその出口となるストラテジーがない。

武富委員

出口となるストラテジーがないといけないが，初めから出口を明確に明示すると，期待している効果が出るのかどうか非常に難しい。今我々がここで議論している採り得るオプションは，色々な難しさを持っていることは覚悟のうえで行なうことだということか。

注：中略は筆者による。
出所：日本銀行ホームページをもとに筆者作成。

## Working　調べてみよう

1．新聞記事や日本銀行ホームページを利用し，最近行われた公開市場操作を調べてみましょう。
2．過去の政策委員はどのような経歴を持った人々が務めていたのか，調べてみましょう。

## Discussion　議論しよう

1．日本銀行総裁の任期は５年で，これは海外の主要中央銀行に比べて短くなっています。総裁の任期が短いことのメリットとデメリットは何でしょうか。
2．金融政策は政策委員の９人で決定されますが，財政政策を決定する国会議員は数百人います。なぜ金融政策はこれほど少人数で決定するのでしょうか。

# 第 7 章 金融政策の波及経路

Learning Points

▶金融調節は短期金融市場で行われますが，金融政策の目標を達成するためには物価やGDPなどのマクロ経済変数をコントロールすることが要求されます。では，ミクロの市場にすぎない短期金融市場における介入の影響が，どのようにしてマクロ経済全体に波及するのでしょうか。

▶この章では，政策効果を計測する方法や，金融市場からマクロ経済へと影響が伝わっていく経路について見ていきましょう。

Key Words

**金利チャネル　バランスシート・チャネル　為替レート・チャネル**
**リスクテイキング・チャネル**

## 1 政策効果の計測
### 統計的手法を用いる

金融調節が行われることで，その影響が短期金融市場から物価などのマクロ経済変数へと伝わります。その経路は，**金融政策の波及経路**または**トランスミッション・チャネル**（transmission channel）と呼ばれます。

金融政策を決定する上では，いくつかの波及経路を想定した上で行うことが重要です。途中の道筋を描くことによって，より効果的で精度の高い政策効果が期待できるからです。

とはいえ経済は非常に複雑な構造で成り立っていますから，特定の波及経路がどの程度有効であるかを客観的に示すことは，実際問題として非常に困難です。政策効果の経路は複数考えられるうえ，それらは互いに絡み合っています。そのため，波及経路は**ブラックボックス**だともいわれています。

しかし幸いなことに，統計的手法を用いることで，途中の詳しい波及経路はわからないにしても，金融政策に対して最終的にマクロ経済変数がどのように反応したかを推定することは可能です。

## 1.1 ベクトル自己回帰（VAR）

ここで，金融政策の効果を計測する手法として用いられることの多い**ベクトル自己回帰**（Vector Autoregression：**VAR**）と呼ばれる方法を簡単に紹介しましょう。

VARでは，いくつかの重要なマクロ経済変数に注目します。そしてその変数群（ベクトルといいます）が，同じ変数群の過去の値にどの程度影響を受けているのかを推計します。

例として，(GDP, インフレ率, 金利）という3変数ベクトルを考えましょう。このとき，VARでは次のような式を想定します。

$$\begin{pmatrix} GDP(t) \\ \text{インフレ率}(t) \\ \text{金利}(t) \end{pmatrix} = A \times \begin{pmatrix} GDP(t-1) \\ \text{インフレ率}(t-1) \\ \text{金利}(t-1) \end{pmatrix} + e(t)$$

$GDP(t)$と書かれているのは，今期(t期)のGDPという意味です。同様に，$GDP(t-1)$ は前期(t − 1期) のGDPであることを示しています。他の変数についても同様です。

この式は，主要な経済変数が，自らの過去の値にどのように依存しているのかを表しています。経済構造をこのような簡単な形で表現することで，主要なマクロ変数が時間とともにどう推移するのかを推定するわけです。

より具体的には，この式の$A$が，時系列的な相関を表す係数（行列）となっています。式の最後に出てくる$e(t)$ は，前項では説明しきれない部分を表しています。

この$A$の値を推計することで経済構造が明らかになると，金利の変化がGDPやインフレにどのように影響するのかがわかります。今期のマクロ変数の値を右辺に代入することで，来期の値を予測する構造になっているからです。しかも1期先の値だけでなく，得られた予測値を右辺に代入すればその次の期の予測も同様にできますから，これを繰り返すことでかなり先の将来予測も可能になります。

こうした方法を用いることで，現在の政策金利の上昇が将来にかけてどのような影響をもたらすかが明らかになるのです。



## 1.2 VARで見る政策効果の推移

**図表7－1**は，生産量やインフレ率が，コールレートの上昇に対してどのような反応をするかをVARで実際に推計したものです（注：前出の式よりも複雑な式を使用しています）。

この図によると，コールレートが上昇してから1～2年後に生産量の低下がピークとなることがわかります。それに対して，インフレ率は2年以上経たないと有意な低下が見られません。このことは，金融政策が生産や物価に影響するまでには時間がかかるという政策ラグの存在を示しています。

政策ラグは一様ではなく，コールレートの上昇はまず生産量に対して影響を与え，その後物価に波及していることから明らかなように，マクロ変数によって政策ラグの長さも異なっています。

コールレートの上昇が，どのような経路を通じて生産や物価を押し下げた

**図表7－1 ▶▶▶政策金利引き上げの効果**

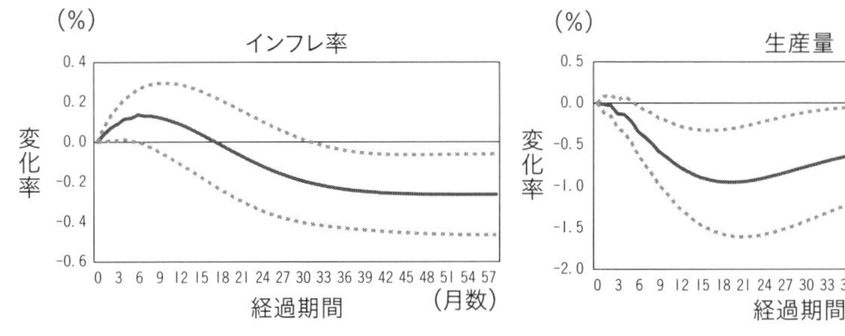


注：VARによる推計（データ期間：1957年1月から1994年12月，生産量：鉱工業指数，インフレ：CPI）。
出所：柴本昌彦氏（神戸大学）提供。

のかはこの分析ではわかりません。しかし，たとえ波及経路は明確でなくても，VARのような統計的手法を用いることで，どれくらいの政策ラグを伴って効果が表れるのかは大まかに予測することができます。

中央銀行において金融政策の方向性を議論する上でも，VARのような統計的分析によって得られる政策効果の予測は，重要な情報として実際に利用されています。

## 2 さまざまな波及経路
代表的な4つのチャネル

さて，金融政策がマクロ変数を動かすことはわかりましたが，肝心の波及経路の中身にはまだ触れていません。以下では，代表的な波及経路である① **金利チャネル**，② **バランスシート・チャネル**，③ **為替レート・チャネル**，④ **リスクテイキング・チャネル**を順に見ていきましょう。ただし，前述のようにこれらの経路は完全に独立したものではなく，互いに影響し合っていることには留意が必要です。

### 2.1 金利チャネル

#### 2.1.1 金利と設備投資

設備投資を行いたい企業にとって銀行借入は重要な資金調達手段ですが，問題になるのが借入のコスト，つまり金利です。

仮に，1,000万円の設備投資を行えば1,100万円の売り上げが見込める企業があるとしましょう。返済前の予想利益は100万円ですから，借り入れによる金利負担が100万円未満であれば，正の利益を得ることができます。

ところが例えば金利が12%だとすると，銀行への返済は1,120万円となり，20万円の赤字が発生してしまいます。これでは設備投資を行うことはできません。したがって，このケースにおいて設備投資をするかしないかの境界値は，金利10%ということになります。

通常は金利が低下すれば利益が発生する境界値が下がるので，設備投資が増えることが期待できます。金利低下によって借り入れコストが下がれば，予想収益率が低くても黒字になりやすいからです。そのため金利の低下は設備投資の増加を通じて生産量を増やし，景気の拡大要因となります。

### 2.1.2 金利と消費

金利の変化は，家計の消費行動にも影響します。家計は給料を手にしたとき消費と貯蓄に配分するわけですが，多くの人は金利が高ければ貯蓄を増やそうとするでしょう。現在の消費を我慢すれば将来に多くの金利収入を得ることができ，トータルでは消費を増やすことが可能になるからです。逆に，金利が低ければ，将来の消費を少しだけ増やすために我慢するよりも，現在消費するほうが好ましくなるでしょう。

金利の変化は，このような異時点間の代替を通じて家計の消費配分にも影響を与えます。もちろん金利の低下は現在の消費を増やしますから，やはり景気の拡大要因となっています。金融調節によってもたらされた金利の変化が，企業の設備投資や家計の消費配分に影響する経路を総称して，**金利チャネル**と呼びます。

ただし注意しなければならないのは，前述の説明では，政策金利である翌日物コールレートの低下が借入金利や預金金利の低下に直接つながることを前提としている点です。もし，借入金利や預金金利などの末端の金利が変化しなければ，いくらコールレートが低下しても金利チャネルは働きません。借入金利や預金金利はより長い満期の金利ですから，必ずしもそれらがコールレートの変化に比例して動くとは限らないのです。この点については，次章で詳しく取り上げます。

## 2.2 バランスシート・チャネル

### 2.2.1 外部資金調達と情報の非対称性

企業は，設備投資を行うための資金を銀行など外部から調達することが多いですが，内部留保などの自前の資金を持っていれば必ずしもそれは必要ありません。銀行借入のように企業の外部から資金を調達することを，**外部資金調達**といいます。

外部資金調達は，内部留保などによって資金を賄う**内部資金調達**よりも必然的にコストが高くなります。その理由は，第３章で説明した銀行の情報生産機能と大きく関わっています。

銀行にとっては貸出先の企業についての詳しい事前情報がありませんから，情報生産を行うことで情報の非対称性を解消しなければなりません。ただし情報生産にはコストがかかるため，銀行は貸出金利にそのコスト分を上乗せする必要があります。

また，もし貸出先が破綻した場合は貸出債権を回収することになるわけですが，破綻先企業に残された資産額を把握するためには厳密な査定が必要です。情報の非対称性がなければ査定をしなくても資産額はわかるはずですが，銀行には破綻した企業の細かな財務内容まではわかりません。このため，破綻処理の手続きには時間的・金銭的コストがかかってきます。これは将来発生し得る確率的なコストとして，貸出の際に金利に上乗せされることになります。

### 2.2.2 外部資金調達プレミアム

一方で，企業の内部資金で設備投資を行う場合のコストはどうでしょうか。もちろん自社のことはわかっていますから，情報生産を行う必要はないですし，破綻しても査定する必要はありません。そのため余分なコストが要りませんから，内部資金調達をする場合のコストは，他で運用したら得られたはずの市場金利と等しくなります。

**図表7−2 ▶▶▶借入企業のバランスシート**

企業A

企業B



外部資金調達のコストと内部資金調達のコストの差を，**外部資金調達プレミアム**と呼びます。外部資金調達プレミアムは，直接的には情報生産や破綻処理のコストに起因しますが，根本的には，銀行と貸出先企業の間で発生する情報の非対称性が原因です。企業の内部と外部で情報の非対称性が存在するからこそ，外部からの調達にはコストがかかるわけです。

式で書くと，銀行から借り入れる際の金利は次のように分解できます。

| **借入金利　＝　市場金利　＋　外部資金調達プレミアム** |
|---|

プレミアムの大きさは，その借入企業がどれだけの**自己資本**を保有しているかによって変わります。例えば，自己資本が100万円の企業Aと500万円の企業Bが，1,000万円の借入を行ったとしましょう。このとき，両企業の負債は1,000万円ですから，企業Aの総資産＝100＋1000＝1,100万円，企業Bの総資産＝500＋1000＝1,500万円となります。図表7−2は，このときの両社の**バランスシート**です。

## 2.2.3 フィナンシャル・アクセラレーター

ここで，それぞれの企業が破綻する確率を考えてみましょう。破綻とは，

**図表7−3 ▶▶▶フィナンシャル・アクセラレーター**

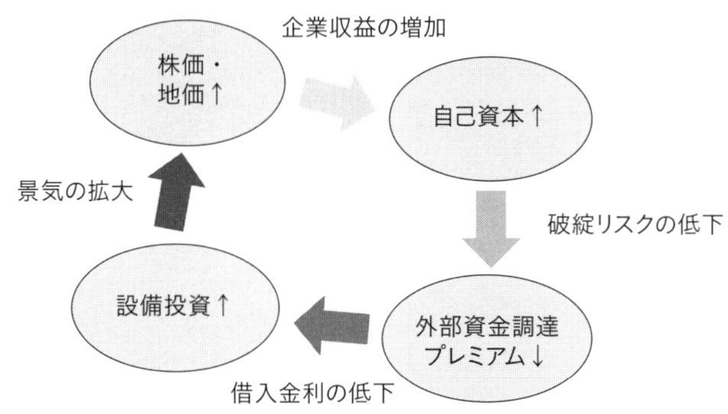


資産の損失が自己資本を上回る場合を指します。企業Aは100万円以上の損失，企業Bは500万円以上の損失を出すと，借り入れ分を全額返済することができません。

両社の**自己資本比率**は，企業Aが100/1100 = 0.091，企業Bが500/1500 = 0.333ですから，規模にかかわらず一定のリスクを抱えているとすれば，明らかに企業Bのほうが破綻確率は低いことになります。前述のように，破綻すれば資産額の査定を行う必要があり，銀行にとってはコストになりますから，破綻確率の高い企業Aのほうが外部資金調達プレミアムは高くなります。

この外部資金調達プレミアムは，政策効果にも大きく関わってきます。仮に金融政策によって金利が低下すると，景気が良くなる影響で株価や地価が上昇したり，業務収益が改善します。その結果，企業のバランスシートにおける自己資本比率は上昇することになります。

自己資本比率が上昇すれば，外部資金調達プレミアムが低下します。外部資金調達プレミアムが低下するということは，企業の借入金利が低下することを意味しますから，金利チャネルと同様の論理で設備投資が増加し，景気が拡大します。すると，設備投資の増加によって景気が上向くことで，再び株価や地価が上昇します。これは先ほどの循環を再スタートさせますから，さらなる景気拡大に繋がります。

一般に，企業のバランスシートを通じて政策効果が波及していく経路を，**バランスシート・チャネル**と呼びます。特に，外部資金調達プレミアムと自己資本のフィードバックによってもたらされる増幅効果は，**フィナンシャル・アクセラレーター**（financial accelerator）と呼ばれます（図表７－３）。

ここで忘れてはならないのは，フィナンシャル・アクセラレーターのようなマクロの景気増幅効果が，元をたどればミクロ現象である情報の非対称性に起因しているという点です。銀行と借入企業の間で発生している情報の非対称性だけを見れば，金融市場におけるミクロの問題のように思えます。しかし，それは資金調達コストの変動を通じて，マクロ経済全体にも重大な影響を与えている可能性があるのです。

## 2.3 為替レート・チャネル

### 2.3.1 円高と円安

金融政策によって通貨量や金利に変化が起こると，為替レートにも少なからず影響が及びます。為替レートとは自国通貨と外国通貨の交換比率ですから，基本的には日本の通貨供給量が増加すれば円安に，逆なら円高になります。

ただし，これは日本円の需要を一定とした場合に成立する話で，円の通貨供給量が増えても，それ以上に円への需要が高まれば逆に円高になります。為替レートがどう動くかを知るためには，通貨の需要と供給の両面を見る必要があります。

円の供給面は，日本銀行の金融調節によって決まると考えます。円の供給量が増えるということは，具体的には日銀当座預金やマネタリーベースが増加することを指します。

一方で，円の需要面についてはさまざまな要因が重なり合って決まります。日本円の需要が高まるのは，円を保有することの便益が，外貨を保有する便益に比べて相対的に上昇するときです。

では円を保有することの便益とは何かというと，最も重要なのが日本円で運用した場合の金利です。外貨で保有してももちろん金利が付くのですが，日本の金利が外国金利より相対的に上昇すると，日本円で運用する便益が相対的に高くなりますから，円が買われる要因となります。逆に，日本の金利が相対的に低下すれば，それは円が売られる要因になります。

## 2.3.2 為替レートと生産量

円の供給量や金利の変化が為替レートを動かすとしても，それがなぜ物価や生産量に影響するのでしょうか。

円安になるということは，反対に外貨，例えばドルの価値が高まるわけですから，ドルを使用するアメリカ人にとっては日本から入ってくる商品が安くなります。**図表７－４**の例では，１ドル＝100円と90円の２つのケースを示しています。日本から1,000円の靴をアメリカに輸出すると，１ドル＝100円なら10ドルに，１ドル＝90円なら約11ドルとなりますから，円安・ドル高のときほどアメリカでの価格は安くなることがわかります。

このため，円安のときほど日本の財がアメリカでよく売れるようになり，

**図表7－4 ▶▶▶円高・円安の効果**

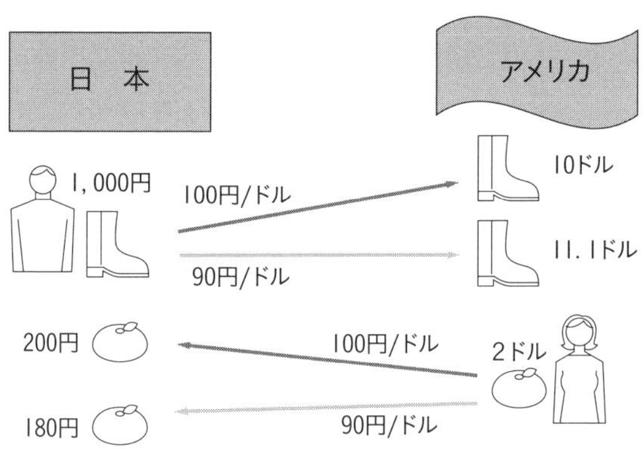

日本からの輸出が増加します。これは日本国内の生産量を増加させ，国内景気を拡大させる要因となります。さらに，円安になれば日本に入ってくる輸入品価格は上昇しますから，自国内で生産された財の価格が相対的に低下します。そうなれば輸入財と代替的な自国財の売り上げが伸びるため，国内の生産はやはり拡大することになります。



### 2.3.3 外国への影響

こうした為替レートの変化を通じた景気変動を総称して，**為替レート・チャネル**と呼びます。ただし，為替レートが自国通貨と外国通貨の交換比率である以上，外国においては日本と逆のことが発生しています。すなわち，円安で日本の景気が良くなっている裏で，外国では通貨高で景気が悪化するのです。

言い換えると，為替レートの減価による国内の景気拡大は，外国景気の犠牲があってはじめて可能になるわけです。このため為替レートの減価による景気拡大政策は，**近隣窮乏化政策**とも呼ばれます。

こうしたことから，あからさまに自国通貨を減価させることを狙った政策は外交問題となる可能性が高く，先進国では避けるのが普通です。もし複数の国が為替レートを意図的に減価させようとすれば，とめどない**金融緩和競争**（**通貨安競争**）に陥りかねません。

通貨の供給は，その通貨を発行する中央銀行に決定する権利があるのは確かですが，だからといって他国を無視して自国通貨を意図的に減価させるわけにはいかないのです。

なお，より直接的な為替レートの誘導政策としては，財務省が決定する**為替介入**があります。ただし近年の為替介入は，自国通貨を減価させる手段というよりも，為替レートが急激に変動することを防ぐための手段という側面が強くなっています。

このように考えると，為替レート・チャネルが国内景気の拡大に有効だからといって積極的に為替レートに働きかけるべきだということではなく，金融政策の波及経路として為替レートを通じたものが存在する，という理解にとどめておくべきでしょう。実際，主要な中央銀行は（少なくとも表向きは）このような立場をとっているものと考えられます。

## 2.4 リスクテイキング・チャネル

前述の金利チャネルとバランスシート・チャネルは企業の設備投資への影響を重視していましたが，最後に紹介する波及経路は，金融機関の行動に着目したものです。ここでは，中央銀行が金利を低下させた場合を想定し，金融機関の行動がどのように変化するかを考えてみましょう。以下では，3つのルートを考えます。

### 2.4.1 低金利下における金融機関の行動

第1は，金利低下によって金融機関の自己資本が増加することの影響です。金融機関にとって，自己資本比率を一定以上に保つことはリスク管理の上で非常に重要です。特に銀行に関しては，国際的な金融監督機関である**バーゼル銀行監督委員会**によって，最低限必要な自己資本比率が規定されています。詳しくは第14章で説明しますが，これは**自己資本規制**と呼ばれています。

金利の低下によって自己資本が増大すると，自己資本比率に余裕ができますから，金融機関は貸出などの資産を増加させることができます。自己資本が増した分だけ多少の損失を出す余裕ができるわけですから，これまで投資できなかったような高リスク資産で運用することも可能になります。

多くの金融機関がリスク資産での運用を増加させると，さまざまな金融資産の価格が上昇し，それがまた金融機関の自己資本を押し上げます。すると，再びリスク資産での運用が活発化して，それによって資産価格が上昇する，という循環が発生します。

第2に，金利が低下することで，金融機関の**ポートフォリオ**が変化します。政策金利の低下は，金融機関が多く保有する国債などの比較的安全な資産の利回りの低下を促します。

金融機関の中には，保険の予定利率など最低限の目標利回りを設定しているところも多く，運用益の低下はどこかで補う必要があります。そこで，運用益を押し上げるために，高いリターンが期待できる高リスク資産での運用に向かいやすくなります。

第3に，金利の低下が続くという期待が，金融機関のリスク選好に影響を与えます。70年代や80年代と違い，近年では政策金利が大きく上下するようなことはありません。このような環境では，いったん金利が低下するとしばらくは金利が大きく上昇することはないと期待されることが通常です。

このことは，金利の変動リスクが以前よりも大幅に低下していることを意味しています。将来の金利変動リスクが小さくなれば，それは資産運用における損失リスクを低下させます。その分，金融機関は従来ならできなかったリスクの高い商品に投資することが可能になります。



### 2.4.2 低金利は望ましいか

以上の3つの点は，いずれも金利低下によって金融機関のリスク選好度が高まることを示唆しています。このように金融政策が金融機関のリスク選好度を変化させる効果を総称して，**リスクテイキング・チャネル**と呼びます。

金融機関のリスク選好度を通じた波及経路が認識され始めたのは2000年代後半からで，アメリカの金融危機の原因を探る議論の中から出てきたものです。そのため前述の3つのチャネルとは位置付けがやや異なり，純粋に金融政策の波及経路というよりは，金利を低下させることの「副作用」として捉えたほうが適切かもしれません。

リスクテイキング・チャネルの議論が登場した背景には，2000年代前半のアメリカにおいて，FRBがデフレを回避しようとするあまり必要以上に金利を低位に保ったことが住宅バブルを生んだ，という議論がありました。

また，日本においても，1987年のブラックマンデーによるドル暴落を防ぐ目的から政策金利を低位で維持しましたが，結果的にこれがバブルを生んだという見方があります。

2000年代に日本がデフレを経験したことで，海外の中央銀行はデフレを回避することについては細心の注意を払っていました。その一方で，低金利を維持することの副作用に対する認識は十分とはいえませんでした。

リスクテイキング・チャネルが想定するように，低金利を保つことが金融機関のリスク選好度を高め，それがバブル発生の原因にもなる可能性があるとすれば，景気を拡大するためには金利を下げればよいという単純な話ではもはやありません。とりわけ近年のようにマイナス金利が成立する状況では，従来考えられていた波及経路だけでなく，銀行をはじめとした金融機関の経営に与える悪影響に対しても十分考慮する必要があります。

過度な低金利の継続が，運用利回りの悪化を通じて金融機関の経営を悪化させ，自己資本比率を低下させるようなことになれば，銀行貸出の減少を通じて逆にマクロの景気悪化を招く可能性もあります。最近では，ある一定水準以下の政策金利においては政策金利の低下が銀行貸出を減少させるという，主流派理論とは逆の可能性が指摘されており，その閾値となる金利水準は「**リバーサルレート**」と呼ばれています。

マイナス金利やゼロ金利のような超低金利が恒常化している世界の現状を踏まえると，景気拡大のためには金利引き下げを行うというこれまで当然とされていた政策論議の前提を再検討する必要があります。と同時に，こうした新しい経済環境で日々蓄積されていくデータを基に，政策効果の統計的な検証を丁寧に行っていくことが極めて重要になっています。

## Working　調べてみよう

1. 為替レートの水準が大きく異なる２つの時点を選び，身近な輸入品の価格がどのように変化したのかを調べてみましょう。
2. 企業の資金調達金利と，設備投資や生産量との関係を調べてみましょう。

## Discussion　議論しよう

1. この章で取り上げた政策波及経路以外にも，政策金利の変更がマクロ経済に与える影響がないか議論してみましょう。
2. 為替レートの減価が輸出品価格に与える影響は，企業の価格設定行動によってどう変わるでしょうか。輸出品価格に全く影響しない場合はあるでしょうか。
3. マイナス金利のような低金利政策が消費者や企業に与える影響にはどのようなものがあるか，議論しましょう。

第 8 章

# 「伝統的」金融政策

## 金利操作

Learning Points

▶近年の金融政策では，これまで伝統的に用いられてきた金利操作だけでなく，マイナス金利政策や量的緩和などの「非伝統的」政策も行われています。これらを理解するために，まず本章では伝統的な金融政策に焦点を当て，続く２つの章で近年の「非伝統的」金融政策を解説していきます。

▶本章の前半では，金利操作を理解するための準備として，短期金利と長期金利の関係について説明します。

▶後半では，より実践的な金利操作の考え方を見ていきます。

Key Words

**短期金利　長期金利　期間構造　タームプレミアム　テイラールール**

## 1 短期金利と長期金利

### 短期金利の予測が長期金利を決める

### 1.1 金利と債券価格

中央銀行の金利操作を理解するためには，**債券価格**がどのように決定されるのかを知っておく必要があります。**債券**とは，簡単にいえば，一定期間後にあらかじめ決められた金額（**額面金額**）が支払われる証券のことです。額面金額の支払いが行われることを**償還**と呼び，償還が行われる時期を**満期**といいます。満期までの期間がＮ年の債券を，Ｎ年物債券などと呼びます。

債券は，資金調達の手段としてさまざまな経済主体によって発行されます。例えば国債は政府が発行した債券ですし，社債は企業が発行した債券のことです。

政府や企業は，国債や社債という債券を投資家に買ってもらうことで，支出に必要な資金を調達します。そして償還時期が来たら，額面金額を投資家に支払うことで返済します。

重要なのは，債券の**発行価格**は額面金額とは異なるという点です。債券を発行する政府や企業は，償還時に支払う額面金額をあらかじめ設定していますが，その金額がそのまま取引価格になるわけではありません。

簡単な例を挙げてみましょう。いま，満期は1年後で，額面金額が100万円の安全な債券を考えます。利息は付かないものとします。このとき，他の安全資産で運用した場合に得られる市場金利が仮に1％だとすると，債券の発行価格は次のようになります。

$$\text{債券の発行価格} = \frac{100}{1 + 0.01} \qquad ①$$

すなわち，発行価格は，額面金額を市場金利で割った値になります。なぜ市場金利で割るのかというと，債券ではなく他の安全資産で100万円を運用していれば，1年後には101万円になっているはずだからです。言い換えると，1年後の101万円は，現在の100万円と同じ価値を持つのです。

この債券を1年間保有すれば100万円を得られるわけですから，100万円で購入するということは，金利が0％であることを意味します。その場合には，他の安全資産で運用して金利を1％獲得するほうが有利になりますから，この債券を買う人はいなくなってしまいます。

債券では満期に支払われる額面金額が決まっているため，それよりも低い価格で購入することによって，購入価格と額面金額の差額を金利として獲得するしくみになっているのです。その証拠に，発行価格に金利をかけると，ちょうど額面金額に等しくなることがわかります（発行価格× 1.01 = 100)。

このように債券価格の決定を理解すると，金利と債券価格の間には負の関係があることに気づくでしょう。つまり，金利が上昇すれば債券価格は下落し，逆に金利が下落すれば債券価格は上昇します。

市場金利が上昇した場合，債券を保有することで得られる利益も同じように増加しなければ購入する人がいなくなってしまいますから，その分だけ債券価格は下落する必要があります。償還額は一定ですから，債券価格が低下することで，償還額と購入価格の差である金利収入が増加するわけです。

## 1.2 金利の期間構造

中央銀行が政策手段として用いる金利は，通常時であればオーバーナイト（翌日物）金利です。日本銀行であれば翌日物コールレート，アメリカの中央銀行であるFRBは，フェデラル・ファンズ・レート（federal funds rate）を採用しています。どちらの金利も，今日借りて明日返すという1日限りの貸借に適用される金利です。

しかし第5章で詳しく見たように，コールレートは金融機関同士が貸借を行う際の金利ですから，家計や企業にとっては直接関係があるわけではありません。家計や企業が銀行から借り入れる際に適用される金利の多くは，返済期限が1年以上先の**長期金利**です。一般に，長期金利とは満期が1年以上先の資産に対して適用される金利，**短期金利**はそれよりも短い満期の資産について適用される金利の総称です。

では，なぜオーバーナイト金利のような短期金利が重要なのかというと，その動きが長期金利にも影響するからです。以下では，長期金利と短期金利が具体的にどのような関係にあるのかを考えてみましょう。

### 1.2.1 長期金利と短期金利の関係

簡単化のために，1年物債券を保有することで得られる1年物金利と，1カ月物債券を保有することで得られる1カ月物金利の2種類を考えます。このとき，1年間の資金運用を考えると，大きく分けて以下の2種類の運用方法があります。

(1)　1年物債券を満期まで保有し，1年後に金利を得る

(2)　1カ月物債券を毎月購入し，12回に分けて毎月末に金利を得る

2つの運用方法は全く異なりますが，予想される金利収入は等しくなるはずです。仮に1年物の金利収入のほうが多いとすると，1カ月物で運用する

人が減少しますから，1カ月物債券の価格が下落し，金利は上昇します。反対に，1年物債券の需要は増加しているので，価格が上昇して金利は低下します。

このように，運用期間が等しい2つの債券に金利差がある場合には，より高いほうを購入することで利益を得られます。こうした金利差を利用した取引を，**裁定取引**といいます。裁定取引が行われることで，結局どちらの債券を保有しても得られる金利収入は等しくなるように調整されるのです。

### 1.2.2 期間構造の期待理論

以上のことを，簡単な数式で表現してみましょう。$i^L$を1年物金利とし，$i^S_m$を，今から（m−1）月後に発行される1カ月物債券の金利としましょう。例えば，現時点（0カ月後）において発行される1カ月物債券の金利は，$i^S_1$となります。金利の値は，仮に1年物金利が3％なら$i^L = 0.03$となります。金利はどちらも年率です。

このとき，1カ月物債券を1年間にわたって買い続けることで得られる金利の平均は，$(i^S_1+i^S_2+\cdots i^S_{12})/12$となりますから，裁定が働いていれば以下の式が成立するはずです。

$$i^L = E\left[\frac{i^S_1 + i^S_2 + \cdots + i^S_{12}}{12}\right] \quad ②$$

ここで，$E[\cdot]$は期待値（平均値）を意味する記号です。②式は，1年物を1年間保有しても，あるいは1カ月物を12回に分けて買い続けても，得られる金利収入は平均的に等しくなることを示しています。

ただし将来発行される債券の金利は現時点ではわかりませんから，$i^S_2$から$i^S_{12}$の値については期待値で代用することになります。そのため，②式は期待値では成立しますが，事後的に成立するとは限りません。

満期が異なる金利の関係性を表すこのような考え方は，**期間構造の期待理論**と呼ばれます。この考え方は，より一般的な短期金利と長期金利についても適用できます。

前述の式からわかるように，短期金利が今後上昇していくと予想される場合には，長期金利の水準は現時点の短期金利よりも高くなる必要があります。長期金利は，同じ期間を通じて得られる短期金利の平均に等しくなるからです（**図表８－１**）。

同様に考えると，短期金利が今後低下していくと予想される場合には，長期金利は現在の短期金利よりも低くなることがわかります。つまり現時点の短期金利は同じでも，今後の短期金利についての予想に応じて長期金利の水準が変わってくるわけです。

また，長期金利の水準は満期の長さによっても変わってきます。例えば，横軸に満期までの期間をとり，縦軸に金利水準をとると，**図表８－２**のような曲線が得られます。

これらは**イールドカーブ**（**利回り曲線**）と呼ばれる曲線で，⑴右上がり⑵右下がり⑶水平，の３種類の傾きをとる可能性があります。イールドカーブの傾きが右上がりのケースは，**順イールド**と呼ばれます。この状況は，満期までの期間が長くなるほど金利が高くなることを意味しています。

順イールドのケースは，短期金利の予想経路が遠い将来ほど高くなっている場合に発生します。なぜなら，この場合には短期金利の平均が期間を長くとるほど高くなるからです（**図表８－３**）。

**図表８－１ ▶▶▶ 短期金利の経路と長期金利**

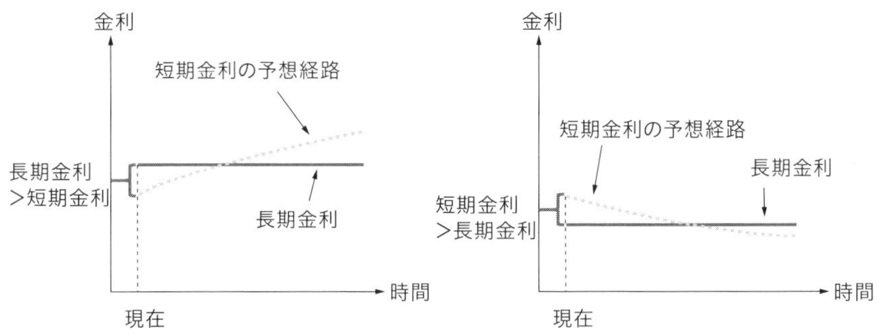

**図表8－2 ▶▶▶イールドカーブ**

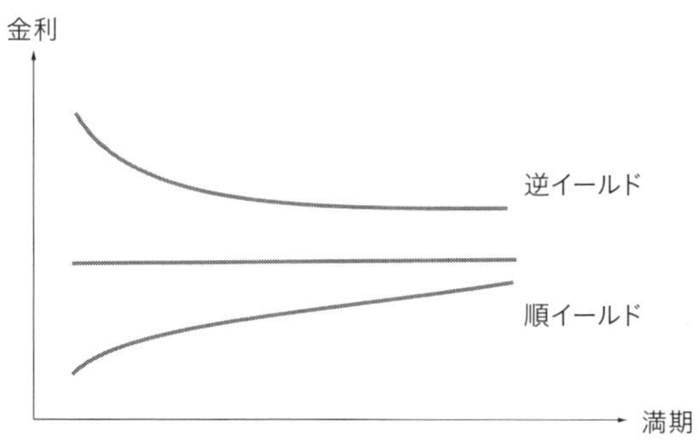


このように考えると，イールドカーブが右下がりの状況も，同じように理解できます。**逆イールド**と呼ばれるこの状況は，短期金利が低下していくと予想される状況で発生することは明らかでしょう。また，イールドカーブが水平のケースは，短期金利が将来にわたって変化しないと市場が予想していることを示唆しています。

## 1.3 長期金利とタームプレミアム－満期の長さとリスク－

さて，イールドカーブの傾きは可能性としては3種類あるのですが，実は現実に観察されるイールドカーブは多くの場合が順イールドです。短期金利については，上昇していくことが予想されることもあれば下落が予想される場合も同じようにあるのですが，それにもかかわらず順イールドが圧倒的に多く見られます。

なぜ，逆イールドはあまり出現しないのでしょうか。その理由の1つとして挙げられるのが，**タームプレミアム**の存在です。タームプレミアムとは，満期までの期間が長いほど金利水準を押し上げるような要因のことです。ここでいう「ターム」とは，満期までの期間を意味します。以下では，そのタームプレミアムの中身を見ていきましょう。

**図表8－3 ▶▶▶満期の長さと長期金利**

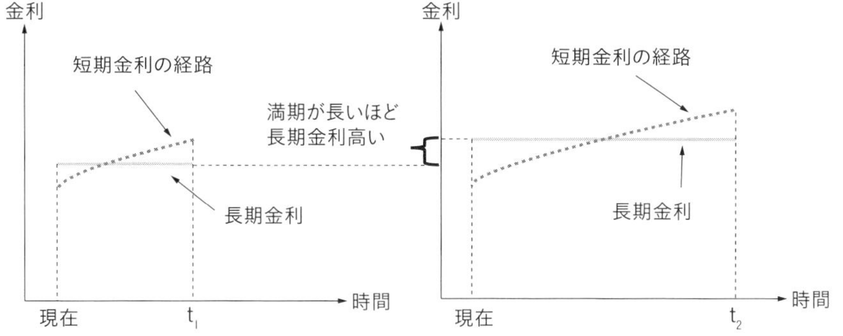




## 1.3.1 長期債券のリスク

前述の純粋な期待理論によると，長期債券で運用した場合と短期債券で運用した場合とでは，平均的には同じ金利収入が得られるとされていました。しかし現実には，これらは無差別ではありません。理由は大きく分けて2つあります。

第1に，保有期間が長くなれば，債券価格が変動するリスクが大きくなります。債券価格は市場取引によって決まりますから，需要と供給のバランスが変われば，保有する債券の価格が大きく動くことがあります。

また，確実に100％償還される債券であれば①式のように償還額を割り引いた値が価格になりますが，実際には**デフォルト**（**債務不履行**）が発生するリスクも考慮しなければなりません。例えば，ある国の政府の財政状況が悪化すると，償還の可能性が低下したとみなされ，その国が発行した国債の価格が大きく下落することがあります。

短期債券であれば短い時間間隔で償還時期が来ますから，価格が変動するリスクを抱える期間も短くてすみます。一方で長期債券を保有する場合には，短期債券の償還と同じ時期に現金を得るためには，途中で債券を売却するしかありません。しかし，売却時点において債券価格が購入価格よりも低くなっていると，金利を得るどころか損失を出してしまうことになります。

こうした価格変動リスクを考慮すると，長期債券のリターンは短期債券よりも平均的に大きくなる必要があります。

第2の理由は，保有期間が長くなるにつれて，流動性を手放している期間が長くなることです。短期債券に比べ，長期債券を満期まで保有する場合には現金や預金のような流動性の高い資産を手放している期間が長くなり，欲しいときに欲しいものを購入できない状態が長く続きます。こうした「不便さ」に対する見返りとして，満期が長くなるほどリターンが高くなることが必要です。その満期の長さに応じた上乗せ分を，**流動性プレミアム**と呼びます。

以上のように，長い満期の債券が保有されるためには，満期の長さに見合ったリターンが要求されます。タームプレミアムとは，保有期間が長くなるにつれて大きくなる価格変動リスクや，流動性を手放すことへの対価である流動性プレミアムを含んだ包括的な要素のことです。

## 1.3.2 期待理論とタームプレミアム

前述の②式を利用すると，タームプレミアムの存在を考慮した1年物金利は次のように表されます。

$$i^L = E\left[\frac{i_1^S + i_2^S + \cdots + i_{12}^S}{12}\right] + \rho_1 \qquad ③$$

ここで，$\rho_1$は1年物金利に対するタームプレミアムです。長期金利は，短期金利の予測項とタームプレミアム項の2つの項から構成されることになります。

同様に2年物金利（$i^{L2}$）を考えると，以下の式が得られます。

$$i^{L2} = E\left[\frac{i_1^S + i_2^S + \cdots + i_{24}^S}{24}\right] + \rho_2 \qquad ④$$

このとき，タームプレミアムが$\rho_2$となっている点に注意してください。満期までの期間が長くなればタームプレミアムの値は上昇しますから，$\rho_1 \leq \rho_2$となります。

純粋な期待理論においては，短期金利が上昇していくのでなければ，イールドカーブは水平か右下がりになります。しかし，タームプレミアムが満期の長さとともに上昇することを考慮すると，現実の金融市場で順イールドが多く見られる理由を説明することができます。

## 2 金利操作の考え方
政策効果を高めるために

### 2.1 長期金利をどう動かすか

前節では，短期金利と長期金利の関係性を詳しく見てきました。ここで忘れてはならないのは，中央銀行が操作するのは短期金利である一方で，家計や企業の経済活動に直接的に関係するのは長期金利だということです。物価や景気をコントロールすることが中央銀行の使命であることを考えると，短期金利の操作は長期金利を動かすための手段にすぎません。

では，中央銀行が長期金利を動かすことは可能なのでしょうか。前述の金利の関係式③を見ると，今期の短期金利（$i_1^S$）が上昇したときに長期金利（$i^L$）が十分に上昇するためには，来期以降の短期金利の期待値（$E[i_2^S+...+i_{12}^S]$）も同時に上昇することが必要です。

仮に，来期以降の短期金利の水準がそれまでと変わらないと予想されると，今期の短期金利を１％上げても，１年物金利は１/12 = 0.083％しか上昇しません。今期の短期金利は，長期金利を構成するごく一部の要素にすぎないのです。

#### 2.1.1 期待を動かす

経済活動に影響の大きい長期金利を，短期金利を通じて動かすためには，足下の短期金利だけでなく，将来の短期金利の期待値にも影響を与えることが重要です。

それを可能にする１つの方法は，金利を上げた（下げた）場合には，今後しばらくは低下（上昇）することはないと市場に期待させることです。中央銀行が短期金利を上げたときに，今後しばらくはその金利水準で維持されると市場が期待すれば，来期以降の短期金利の期待値も足下の短期金利と同様に上昇します。すると長期金利を構成する項の多くが上昇するわけですから，長期金利の上昇幅も大きくなります。

この観点からすると，長期金利をコントロールするためには，たとえ経済環境が多少変化したとしても，短期金利を短い期間で上下させることは望ましくないといえます。将来の短期金利がどちらに動くか全くわからなければ，長期金利は足下の短期金利の変更分しか動かないからです。

実際，近年のアメリカの政策金利の推移を見ると，短い期間で方向が反転するケースはほとんどないことがわかります。いったん金利が変更されると，しばらく維持されるか，同じ方向に変更されていくかのどちらかです（**図表8－4**）。

さらに，近年の金利操作のもう１つの特徴として，一度に大きく金利を動かすのではなく，少しずつ小刻みに動かす傾向があります。その理由としては，一度に目標水準まで動かさずにあえて小刻みにすることで，同方向の金利変更を今後も継続していくという中央銀行の意志を市場に伝える意図があります。言い換えると，今期の金利変更は，将来の金利変更のシグナルにもなっているのです。

このような漸進主義（gradualism）に基づく小刻みな金利操作を，**金利スムージング**といいます。こうした金利操作のやり方が市場参加者の期待に浸透していくことで，長期金利に対してより大きな影響を与えることができるようになります。

### 2.1.2 長期金利の直接操作は可能か

ところで，長期金利を操作することが目的であれば，なぜ長期債券のオペレーションを通じた直接的な長期金利操作をしないのか，という疑問を持つかもしれません。

第５章や第６章で学んだとおり，実際の金融調節を行うコール市場は取引

**図表8－4 ▶▶▶米誘導目標金利の推移**

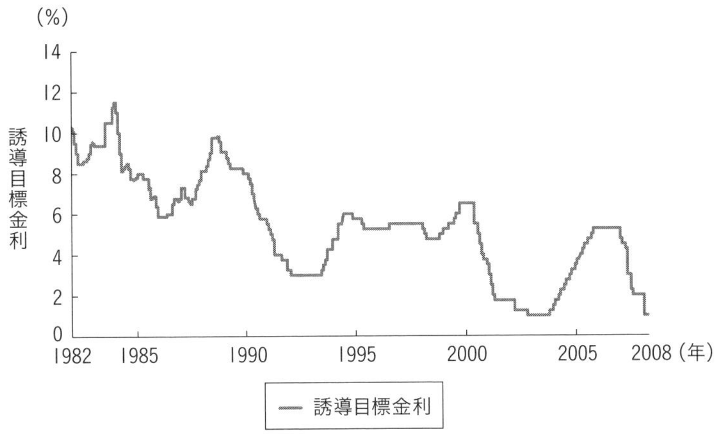


出所：セントルイス連銀 FRED。

相手も限られており，資金需要についてはかなり正確に予測することができます。しかし，長期国債などの長期債券については市場規模が格段に大きく，取引相手についても世界中の金融機関や投資家を相手にしなければなりません。

長期国債市場のようなグローバルな市場では，需要を予測することが非常に難しく，長期金利を正確に誘導することは本来困難です。海外を見渡しても，1940年代のアメリカにおける戦費調達の円滑化のために設定された国債金利の上限規制を別として，先進国においては近年に至るまで長期金利を政策変数とした例はありません。

長期金利をとにかく下げたいという目的であれば，長期金利の操作は可能だと考えられます。なぜなら，長期国債を無制限に購入しさえすれば金利は低下するからです。しかし，長期金利の誘導目標を正の水準に設定したり，マイナスからある程度上昇させたいといった場合には，需給バランスを見ながら適切な長期国債の売買を行うオペレーションが必要になってきます。

実際には，金融緩和を実施中の中央銀行が長期国債を売却すること自体が，近い将来金融引き締めを行うというメッセージを市場に対して送っていると受け取られてしまう可能性も高く，現実には問題をはらんでいます。

さらに，一般に短期金利が長期金利の変動に対応してどう反応するかについては理論的にはっきりとわかっていません。すでにこの章で見たように，短期金利の変動が長期金利に与える影響は期待理論から得られますが，逆に長期金利の変動から短期金利への影響は複数の可能性があるのです。より具体的にいえば，一定の長期金利の値（③式や④式の左辺）に対して，期待理論の裁定式を満足する短期金利の経路（同右辺）の組み合わせは無限に存在します。すなわち，短期金利の経路が非決定になる可能性があります。

詳細は後の章で説明しますが，日本銀行は2016年9月，明示的に長期金利操作を行う新たな政策枠組みを発表しました。この枠組みでは，10年物国債金利が概ね0%になるように長期国債の買入れを行うとしています。

実際，この政策の発表後から長期金利は概ね0%の周りで推移しているように見えます（**図表8－5**）。ただし，－0.3%程度まで大きく下振れするケースもあるなどまだ確立された政策手段とは言い難く，果たしてこの政策枠組みは持続可能なのか，それとも0%周りという超低金利だからこそ維持できる枠組みなのか，当局や専門家の間でも見方が分かれるところです。

**図表8－5 ▶▶▶ 10年物国債金利**

出所：FRED (Long-Term Government Bond Yields: 10-year for Japan)。

## 2.2 テイラールール

中央銀行は金利を変更することで物価や景気の調整を図るわけですが，金利水準そのものの適正さはどのように判断すべきでしょうか。金利水準が適切かどうかの基準があってはじめて金利変更の判断が可能になりますから，適正な金利水準を知ることは，金利操作において最も重要なプロセスともいえます。

### 2.2.1 政策ルールの推計

政策金利水準の基準として最も広く知られているものに，**テイラールール**があります。最も単純なテイラールールは，以下の式で表されます。

**政策金利 ＝ 定数 ＋ α×（インフレ率－目標インフレ率）**
**＋ β×GDPギャップ**

一般に，政策金利が経済変数に対してどのように反応するかを表した式を**政策反応関数**といいますが，上記のテイラールールはその一種です。

テイラールールでは，政策金利を決める要因は2つです。1つ目は，実際に観察されているインフレ率と，望ましいインフレ率との差です。実際のインフレ率が目標値よりも高ければ政策金利を引き上げ，逆にインフレ率が低すぎれば金利を低下させることを示しています。

2つ目は，**GDPギャップ**です。GDPギャップとは，実際のGDPと，潜在的に達成可能なGDP（**潜在GDP**）の差です。GDPギャップが負の値をとっている場合は，その経済には稼働していない生産資源（労働者や生産設備など）が存在することを意味します。つまりGDPギャップの値が小さいほど，景気が良くないことになります。

この政策ルールの提唱者であるジョン・テイラー（John B. Taylor）は，アメリカの政策金利について，この式における$\alpha$は約1.5，$\beta$は約0.5であることを示しました。すなわち，インフレの目標値からのかい離が＋1％で

**図表8－6 ▶▶▶アメリカの政策金利とテイラールール**

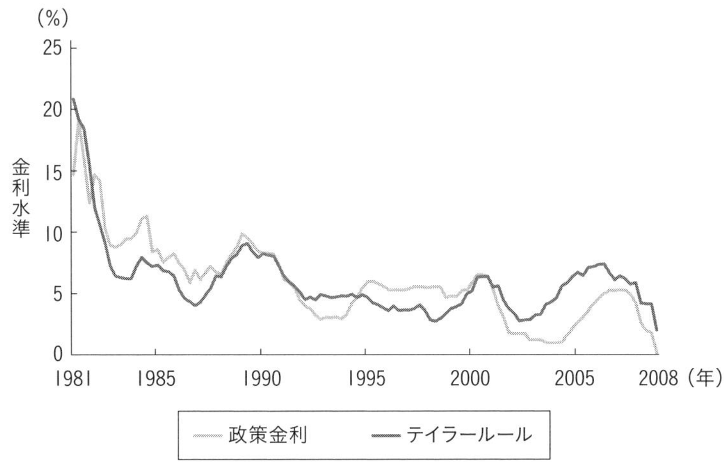


出所：FRED。

あれば政策金利を1.5%引き上げ，GDP ギャップが＋１％であれば0.5%引き上げるということです。

アメリカのFRBが行う政策判断はこのような政策ルールに厳格に基づいているわけではありませんが，それでも上記のルールで政策金利の推移をかなりうまく説明できます。**図表８－６**は，金利がほぼゼロの期間を除いたデータを使用して推計したテイラールールです。テイラー自身は90年代前半までのデータを利用しましたが，最近の政策金利についてもある程度の説明力を持っているように見えます。

## 2.2.2 テイラー原則

テイラールールにおいて非常に重要なポイントは，インフレに関わる係数$\alpha$が１より大きい値をとることです。

簡単化のために，GDP ギャップを一定とし，インフレ率だけが１％上昇した場合を考えましょう。このとき，$\alpha$が１より大きいと，政策金利は１％以上上昇します。すると，**名目金利**である政策金利からインフレ率を引いた**実質金利**も，必ず上昇することになります。

名目金利とは実際に市場で成立した金利で，実質金利はそこからインフレ率を引いたものです。すなわち，

| **実質金利　＝　名目金利　－　インフレ率** |
|---|

という関係があります。これを**フィッシャー式**ともいいます。

なぜ実質金利が重要なのかというと，第１章で説明したように，インフレは債務負担を軽減させるからです。例えば，借入金利が３％の場合を考えると，インフレ率が２％なら元本の負担が２％軽減しますから，実質的な借り入れコストは３－２＝１％になります。

このような理由から，マクロ経済の動向を知る上では，名目金利よりも実質金利のほうが重要なのです。景気を抑制してインフレ率を低下させるためには実質金利が上昇することが必要ですし，逆に景気を拡大してインフレ率を上昇させるためには，実質金利を低下させる必要があります。

このように考えると，$\alpha$が１以上であることの重要性が明らかになります。$\alpha$が１よりも大きいようなテイラールールに従うことで，インフレ率が上昇すれば実質金利が自動的に上昇し，逆にインフレ率が低下すると実質金利も自動的に低下するようになります。

インフレ率がどのように動こうと実質金利が望ましい方向に動いてくれるという意味で，テイラールールは一種の自動安定化装置の役割を果たすわけです。このテイラールールにおける$\alpha > 1$という条件は，**テイラー原則**（Taylor principle）と呼ばれています。

## Training　解いてみよう

1．毎期Ａ円の利息が支払われ，満期がない債券の価格を求めましょう。ただし，市場金利は1%とします。（ヒント：満期は無限期間先と考えます）

2．1カ月物の金利が2%，2カ月物の金利が3%とします。タームプレミアムを1%とすると，1カ月後の1カ月物金利は何%だと予測されるでしょうか。

3．1カ月物金利が3%，2カ月物金利が4%，および1カ月後の1カ月物金利の予測が5%とします。このとき，タームプレミアムは何%でしょうか。

# 第 9 章 「非伝統的」金融政策

## ゼロ金利・マイナス金利・長短金利操作

**Learning Points**

▶前章では伝統的な金利操作について学びましたが，政策金利があまりに低水準になると，さらなる利下げが難しくなり，実効的な下限制約に直面します。金利の下限制約は，近年の金融政策を理解する上で欠かせないトピックとなっています。

一方で，従来のような短期金利の操作に加え，長期金利を直接操作しようというこれまでの常識に反する試みもなされています。

▶この章では，金利の下限制約における金融政策に焦点を当て，次章では量的な金融緩和について見ていきましょう。

**Key Words**

**ゼロ金利政策　マイナス金利政策　歴史依存性　時間不整合性**
**長短金利操作**

## 1 ゼロ金利政策

### 1.1 ゼロ金利政策のはじまり

まず始めに，1990 年代以降のコールレートの推移を確認しておきましょう（**図表９－１**）。1991 年以降，日本銀行はバブル崩壊後の景気後退を緩和するため，政策金利を急激に下げていきました。しかしながら，銀行の抱える不良債権問題や金融不安もあり，景気は一向に本格的な回復を見せませんでした。

そのような状況の中，当時の速水総裁を議長とする政策委員会は，1999

図表9－1 ▶▶▶無担保翌日物コールレート

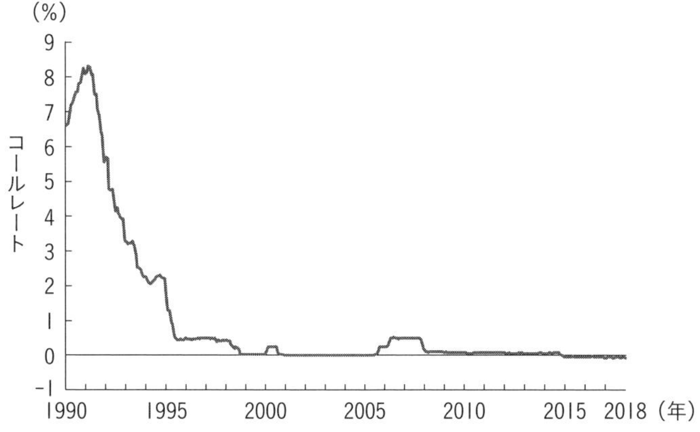


出所：日本銀行。

年2月12日にコールレートの誘導目標をそれまでの0.25%から，0.15%を当初の目標として引き下げる決定を下します。同月16日に開かれた総裁定例記者会見において，速水総裁は以下のような発言をしています。

「私どもはオーバーナイトの無担保コールレートを基準にして目標を定め，場合によってはゼロになっても良いという位の気持ちで，取り敢えず0.15%前後のところで様子をみようと思ってはいたが…(中略)…もっと下がっていっても良いと思っているところである」

—1999年2月16日総裁定例記者会見より引用（下線筆者）

この記者会見の場で，速水総裁はコールレートがゼロになることを初めて明確に容認しました。このことから，一般的には1999年2月12日の政策決定をもって，**ゼロ金利政策**が開始されたと見なされています。

さらに約2カ月後の4月13日の記者会見において，ゼロ金利を継続していく条件について言及しています。

「(前略) デフレ懸念の払拭ということが展望できるような情勢になるま

では，市場の機能に配慮しつつ，無担保コール・オーバーナイトレートを事実上ゼロ％で推移させ，そのために必要な流動性を供給していく現在の政策を続けていくことになると思っている」

—*1999*年4月13日総裁定例記者会見より引用（下線筆者）

速水総裁は，「デフレ懸念の払拭」が展望できるまではゼロ金利を継続するという意思を表明しています。この発言は当時大きな注目を集めました。なぜなら，将来の金融政策を予測する上でのヒントを与える内容だったからです。

将来の政策運営に関して何らかの約束ごとを設けることを，**コミットメント政策**と呼びます。コミットメント政策は，その時々の状況に応じて機動的に政策発動を行う**裁量的政策**とは対称的な政策概念として位置づけられます。

ゼロ金利政策の出口について日本銀行が事実上のコミットメント政策をとったことは非常に重要なポイントですので，この点については後に詳しく取り上げます。

## 1.2 ゼロ金利政策の解除

こうして開始されたゼロ金利政策ですが，2000年8月11日，「デフレ懸念の払拭が展望できるような情勢に至った」として，誘導目標は再び0.25％に引き上げられました。ゼロ金利政策は，この時点で解除されたことになります。

ところが，払拭されるはずであった「デフレ懸念」がすぐに再発します。アメリカのITバブルあるいはドットコム・バブルと呼ばれる株価の急激な上昇トレンドが2000年に崩壊し，その余波を受けて日本の株価が急落したのです。両国の株価急落を受け，日本の景気は後退する兆しを見せました。

そこで日本銀行は，景気の悪化を防ぐため2001年2月にコールレートの誘導目標を再び0.15％に引き下げます。しかし，今回はここで終わりませんでした。2001年3月19日，**量的緩和**という新たな政策手段の採用に打って出ます。簡単にいえば，コールレートという金利を捨て，日銀当座預金残高という一種の通貨量を新たな政策手段として採用したのです。

各国で一般的に採用されている金利操作に対し，世界中を見渡してもこのような緩和政策については例がありませんでした。そのため，量的緩和がどのような効果をもたらすのかを予測することは難しく，日本の金融政策は世界中から注目を浴びることになります。量的緩和の詳しい内容については，次章で取り上げます。

## 2 下限制約における金利政策 フォワードガイダンス

第5章で見たように，2016年1月に補完当座預金制度の適用金利が一部マイナスになったことを受け，コールレートはマイナスの領域に突入しました。そのため現在では厳密な意味でのゼロ金利制約は存在しませんが，それでも金利を大幅なマイナスにすることは技術的問題や金融機関の経営に与える悪影響の観点から難しく，現実には実効下限制約（Effective lower bound）が存在します。

本節では，金利は一定水準以下には低下しないという下限制約があることを前提とした上で，下限制約における金融政策としてどのような政策枠組みがこれまで議論されてきたのかをみていきます。2000年代から盛んに議論されてきた下限制約における金融政策の理論は，近年導入されたさまざまな政策の学術的な背景となっています。

なお本節では，長期金利は直接操作することができず，短期金利のみが操作変数であるという単純な状況を想定します。マイナス金利政策および長期金利操作については，次節で解説します。

### 2.1 金利の下限制約とフォワードガイダンス

金利が一定水準より下がらない場合を考えるために，ここでは簡単化のためゼロ％が金利の下限だとしましょう。金利にゼロ下限がある場合に問題となるのが，政策金利はゼロ以下には下げられないのに対して，本来望ましい金利水準はマイナスかもしれないという点です。

望ましい金利水準を正確に知ることは難しいですが，1つの目安となるのは**自然利子率**です。金利チャネルを踏まえると，他を一定とすれば実質利子率とGDPには負の相関があると考えられますが，自然利子率とは潜在GDPを達成する場合に成立する（景気中立的な）実質利子率水準のことです。

自然利子率は実質値ですから，それが低下した場合には名目金利を下げるか，もしくはインフレ期待を上昇させなければ実体経済が悪化します。インフレ期待は直接操作できませんから，政策としては名目金利を低下させることが必要です。

図表9－2は，望ましい政策金利が仮想的にマイナスの値をとるケースを示しています。金融危機時のように大きく景気が後退している局面では，自然利子率が低下します。この例の場合，本来なら政策金利をマイナスの水準まで引き下げ，景気が回復したら再びプラスの値まで上昇させることが理想です。しかし，ここではゼロ金利制約が存在するので，本来はマイナスにすべき場面でもゼロまでしか低下しません。



**図表9－2 ▶▶▶金利の下限制約**

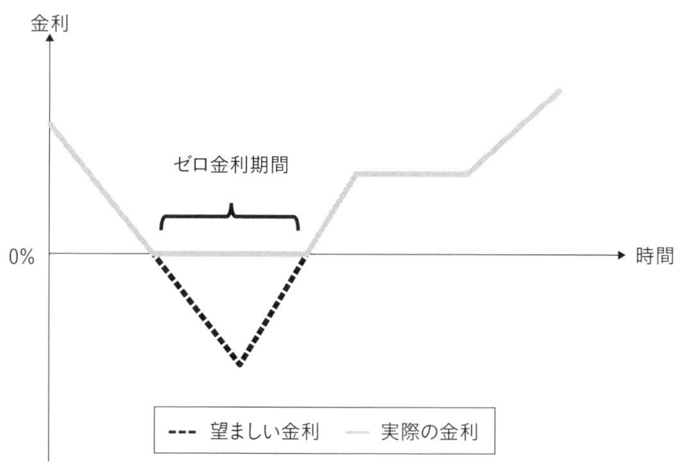

**図表9－3 ▶▶▶時間軸政策**

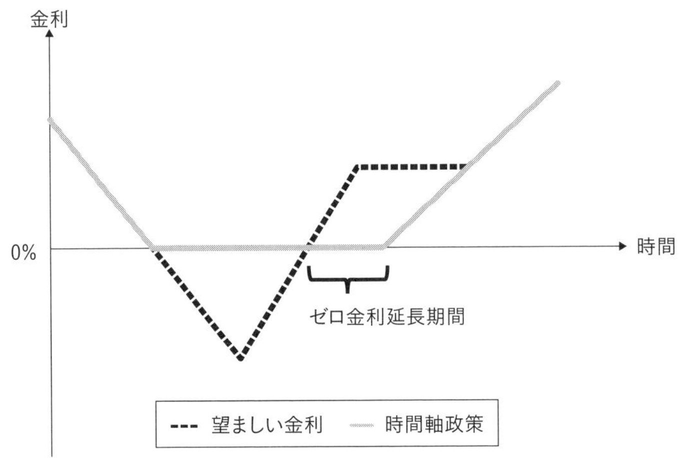


このとき重要なポイントは，政策金利をゼロ以下には下げられない分，ゼロ金利の時点で実質的には「政策金利の引き上げ」を行っているのと同じことになるという点です。外見上は0%という低金利であっても，**図表9－2**のように望ましい金利が負の値をとる状況においては，実質的には景気を抑制するような政策になっているのです。

そのため，後に望ましい金利がゼロ以上に上昇する局面になったとき，それに追随して実際の政策金利を引き上げてしまうと（**図表9－2**），景気引き締めに偏った政策になってしまいます。このような事態を回避するための1つの方法は，望ましい金利がプラスに上昇した局面においてもゼロ金利を継続することを，現時点でアナウンスしておくことです（**図表9－3**）。

ゼロ金利制約で引き締め効果が出ていた分，本来は金利を引き上げるべき局面になってからもゼロ金利を続けることで，ゼロ金利制約による過去の引き締め効果を帳消しにしようというわけです。

一般に，中央銀行が将来の金利水準について市場に情報を送ることを「**フォワードガイダンス**」と呼びます。政策金利が下限に達したとき，たとえその時点では望ましい水準まで押し下げられなくても，フォワードガイダンスによって将来の低金利継続を約束することで長期金利を下げる効果も期待できます。

このように，現時点だけでなく，将来の短期金利の経路まで含めて操作していく手法は**時間軸政策**とも呼ばれます。別の言い方をすれば，将来における金利水準を公約することで，金融緩和効果を「前借り」する政策だともいえます。

前章で見たように，通常のテイラールールを採用している限りは，インフレ率が上昇すると実質金利は必ず上昇します（テイラー原則）。これに対して時間軸政策では，インフレ率が上昇しても金利の引き上げを我慢することが要求されます。本来は守るべきテイラー原則をあえて破ることによって，ある意味では高インフレに対して無責任であることを約束し，その「無責任さ」を利用して強力な緩和効果を得るわけです。

時間軸政策のように，ある時点の政策判断が過去の政策に制約されることを**歴史依存性**と呼びます。過去の政策金利水準が現時点の金利に影響していることを市場参加者が理解しているからこそ，現時点の金利が将来の金利に対して影響を与えることができます。すなわち，フォワードガイダンスによって将来の金利水準を公約するのであれば，現時点の金利が過去の金利によって縛られていなければ信頼性は得られません。

### 2.2 日本銀行の時間軸政策

前節で掲載した1999年4月における速水総裁のコメントは，「デフレ懸念の払拭ということが展望できるような情勢になるまで」と，ゼロ金利の継続をある程度約束している点において，時間軸政策と整合的だとも受け取れます。

上記の発言は，ゼロ金利政策を解除する基準にあいまいな点はあるものの，実際に長期金利を低下させる一定の効果はあったと考えられています。ただし，2000年8月にゼロ金利が解除されるわけですが，2001年3月の量的緩和導入によってすぐにゼロ金利状態に戻ったことを考えると，ゼロ金利の解除は早すぎたのではないかという見方が有力です。

図表９－３に照らしていえば，望ましい金利から判断すればプラスに引き上げる場面だったかもしれませんが，ゼロ金利制約による実質的な引き締めが続いていたことを考えれば，ゼロ金利をもう少し継続すべきであったと考えられます。

### 2.3 フォワードガイダンスの課題－時間不整合性－

望ましい金利が正の値をとるような局面においてもなおゼロ金利を継続するという公約を守ることは，現実には決して容易ではありません。事前に約束していても，実際にインフレが上昇すれば金利の引き上げを行うインセンティブが生じます。その時点ではインフレを押し上げるという目的はすでに達成されているわけですから，過度のインフレが発生しないように金利を引き上げる選択が最適となるからです。

中央銀行にとっては，過去の公約が信頼された結果として景気が回復すると，公約を破棄することが最適な選択となってしまうわけです。このとき，もし合理的な市場参加者がそのような中央銀行のインセンティブを理解していれば，そもそも最初から公約を信じることはないでしょう。公約が信頼されなければ，時間軸効果も発揮されることはありません。

このような現象は**時間不整合性**と呼ばれ，金融政策ではしばしば登場する問題です。時間不整合性を回避するためには，中央銀行が公約を守るインセンティブを持つような環境が必要です。その１つの方法は，中央銀行が公約を守ることは短期的にも長期的にも政策効果を高めることになる，という理解を中央銀行と市場参加者が共有することでしょう。

中央銀行にとって，市場の信頼を得ることはすぐにできることではなく，過去の実績によって培われるものです。一度中央銀行が市場の期待を裏切ると，いくら約束をしても再び信頼を得ることは難しくなってしまいます。このことを考えると，たとえ短期的には金利の引き上げが遅れることになったとしても，公約を破ることで将来のフォワードガイダンスが無効化されてしまうことのほうが，長い目で見たコストは大きいと考えられます。

公約を守ることへの信頼がフォワードガイダンスの有効性を高め，フォワードガイダンスが成功することが中央銀行に対する信頼をさらに高めます。また，フォワードガイダンスの有効性が維持されるためには，市場参加者が中長期的な視点から中央銀行を評価することが必要です。過去の公約を守ったかどうかではなく，一時点の政策のみを見て中央銀行が評価されるようだと，時間不整合性は解決されず，フォワードガイダンスの効果も発揮されません。その意味では，中央銀行が市場参加者に対してしっかりと政策決定の理由を説明することが重要になります。

## 3 超低金利下の金利政策

ゼロ金利政策を行っていた速水総裁時代を含め，2000年代初頭までは金利にはゼロ下限制約があると考えられていました。第2章で学んだように，金利とはお金を貸すというサービスへの対価です。対価が得られるからこそ，銀行はコストをかけてもお金を貸すことができます。

しかし，金利がマイナスになると，お金を貸す側が金利を払うことになってしまい，逆にお金を借りる側が金利収入を得ます。そのような状況では銀行は貸さないことを選択しますから，特殊な事情がない限り，そもそもお金の貸借は起こりません。銀行がお金を貸さなくなれば資金需要が資金供給を上回りますから，金利には必然的に上昇圧力がかかります。したがって，金利は0%が下限であると考えるのが常識でした。

速水総裁時代の日本銀行も，ゼロ金利制約を所与とした上で，さらなる金融緩和効果を得るための手段として，金利引き下げではなく通貨量を拡大する量的緩和に舵を切ったのでした。

しかし，現在ではゼロ金利においてもさらに金融緩和を推し進めるための手段として以下の2つが考えられています。1つは，日銀当預から得られる利回りをマイナスに設定することで，コールレートをゼロ%以下に誘導するマイナス金利政策です。第7章で述べたように，マイナス金利が本当に緩和的かどうかは議論があるところですが，技術的にはゼロ金利状態であってもコールレートの引き下げを継続することは可能です。

2つ目は，長期金利が低下するように誘導する政策です。短期金利が下限で制約されていたとしても，長期金利にはタームプレミアムが含まれますからその水準は短期金利よりも高くなることが多く，その場合は長期金利を低下させることで金融緩和の効果を得ることができそうです。また，実体経済に直接的な影響を与えるのは短期金利でなく長期金利ですから，長期金利を直接操作できるとすれば，より確実に実体経済への政策効果の波及が期待できます。

2016年1月，日本銀行はマイナス金利を導入し，同年9月には長期金利操作を採用しました。従来は，金利はゼロ％以下にはならない（あるいはしてはいけない）と考えられ，また長期金利の操作も不可能だと言われ続けてきたわけですが，なぜこのような常識破りの手段が導入されたのでしょうか。以下では，日本銀行がどのようにこれらの政策を実行しているのかを順に見ていきましょう。

## 3.1 マイナス金利政策

コールレートは市場の需給で決まってきますから，通常であればいくら膨大な資金供給を行ったとしても，ゼロ％までは低下しますがマイナスの金利は成立しません。コールレートがマイナスの水準で成立するためには，市場で貸さなかった場合のコストが存在していることが必要です。金融機関は市場で運用しない資金は日銀当預に預けますから，日銀当預残高に対して金利を支払わなければならない場合には，それ以上の金利であればコール市場においてマイナス金利でも貸し出すことが得策となります。

海外に目を向けると，2012年以降，欧州諸国ではデンマーク国立銀行や欧州中央銀行を始めとして，相次いでマイナス金利が導入されました（**図表9－4**）。各国で細かな制度的な違いはありますが，基本的には中央銀行当座預金に適用される金利をマイナス水準に設定する（あるいは手数料を取

**図表9－4 ▶▶▶各国のマイナス金利導入時期**

| | 導入時期 | 主な政策金利の水準 |
|---|---|---|
| デンマーク国立銀行 | 2012年7月 | -0.2% |
| 欧州中央銀行 | 2014年6月 | -0.1% |
| スイス国立銀行 | 2014年12月 | -0.25% |
| スウェーデン・リクスバンク | 2015年2月 | -0.1% |
| 日本銀行 | 2016年1月 | -0.1% |
| ハンガリー国立銀行 | 2016年3月 | -0.05% |

る）という仕組みをとっており，日銀当預にマイナス金利を課すのと本質的には同じことが行われています。

こうした海外の経験を受け，日本銀行は2016年1月の政策決定会合において，日銀当預の政策金利残高に対して－0.1％の金利を設定する新たな補完当座預金制度を導入します。詳細は第5章第3節で解説しましたが，マイナス金利は日銀当預残高のごく一部である政策金利残高に対して適用されたにもかかわらず，結果としてコールレートがマイナスの水準で成立することが常態化しました。

このようにマイナス金利が成立している状況を踏まえると，政策的にどこまでも金利を下げられるように思えますが，必ずしもそうではありません。日銀当預への適用金利としてあまりに大きなマイナスの値を設定してしまうと，金融機関は日銀当預を現金化して物理的に金庫に保管したほうが低コストになるので，現実には実現可能なマイナス金利水準には限度があります。

現金を金庫に保管すれば金利はゼロですが，それには相応の管理コストがかかりますから，多少のマイナス金利であれば市場で運用したほうが得策です。しかし，マイナス金利による資金運用コストが現金の保管コストを上回った場合，ゼロ金利で現金を保持することが有利になってしまうため，現金の保管コストよりも低いマイナス金利は市場で成立しません。つまり，現金の保管コストが，市場で成立するマイナス金利の下限を形成するのです。

ただし，以上の議論は現金が存在する世界を想定していますが，将来的にはその前提も確かではありません。仮に，中央銀行がデジタル通貨を発行して現金が廃止されることになれば，中央銀行は自らが発行するデジタル化された「お金」から強制的に金利を徴収することが技術的に可能になります。金融機関からすると，日銀当預の現金化という逃げ場がなくなるわけです。

もしそうした現金のない世界になれば，現金の保管コストによる金利の下限は取り去られ，理論上は政策として可能なマイナス金利の設定幅が広がることになります。

### Column　中央銀行デジタル通貨

近年，クレジットカードやスマホアプリなどを通じたキャッシュレス決済手段の発達に伴い，世界的に現金の使用割合が大きく低下しています。この状況を受け，現金に替わるデジタル通貨を中央銀行が発行する可能性について，世界中で盛んな議論がなされています。

デジタル通貨と聞くと，ビットコインのような仮想通貨を想起するかもしれませんが，仮想通貨は民間によって提供される一種の「商品」であるのに対し，中央銀行デジタル通貨は現金と代替性のある法定通貨であり，銀行券と同様に中央銀行にとっての債務です。

中央銀行デジタル通貨のメリットは，第１に利便性の向上です。近年ではキャッシュレス支払い環境が急速に整備されていますが，一方で現金の汎用性が低下するなど，クレジットカードやスマートフォンを持たない人にとっては逆にキャッシュレス決済によって不利益を被る状況が起こり得ます。そこで，中央銀行が公的にデジタル通貨を提供することによって，支払い手段へのアクセスにおける格差をなくすことが期待されています。

また，現金には匿名性がありますが，デジタル通貨ではお金の流れを監視することが技術的に可能なため，脱税やマネーロンダリングといった不法行為の防止に活用することが可能です。ただし，プライバシーの観点から匿名性を保持すべきとの考え方もあり，慎重な議論が必要です。

金融政策に関わる懸念も数多く指摘されています。１つは，デジタル通貨が中央銀行に開設する個人口座に直接供給される場合，民間銀行の預金残高が減少することで金融仲介機能が低下し，マクロ経済の資金配分が非効率化する可能性があります。また，信用創造機能が低下すれば，金融政策の波及効果も弱まってしまいます。

今のところ日本銀行はデジタル通貨を導入する予定はないとしていますが，デジタル通貨の導入は，金融調節のあり方についても大きな変化をもたらす可能性があるのです。

## 3.2 長短金利操作―イールドカーブ・コントロール―

2016年1月の補完当座預金制度の改定によって，短期金利であるコールレートはマイナスまで低下しましたが，実はこれと連動して長期金利もマイナスへと低下しました（**図表9－5**）。マイナス金利の導入がきっかけとなって，短期金利の経路が将来にかけてマイナスになるという期待が生じ，期待理論のメカニズムを通じて長期金利もマイナスになったと考えられます。

ここで問題としてあげられるのが，長期金利があまり低くなってしまうと，貸出や国債で資金運用をする金融機関にとっては収益が著しく低下するという点です。長期国債の運用利回りがマイナスになることに加え，貸出金利も長期金利と強く連動しますから（**図表9－5**），利子収入の減少を通じて金融機関にとって大きな打撃となります。一方で，銀行にとっての資金調達コストである預金金利は，超低金利のため下げ余地はほとんどありません。

ゼロ以下に低下した長期金利の影響を受けて，銀行の収益や自己資本比率

**図表9－5 ▶▶▶貸出金利と長期金利**

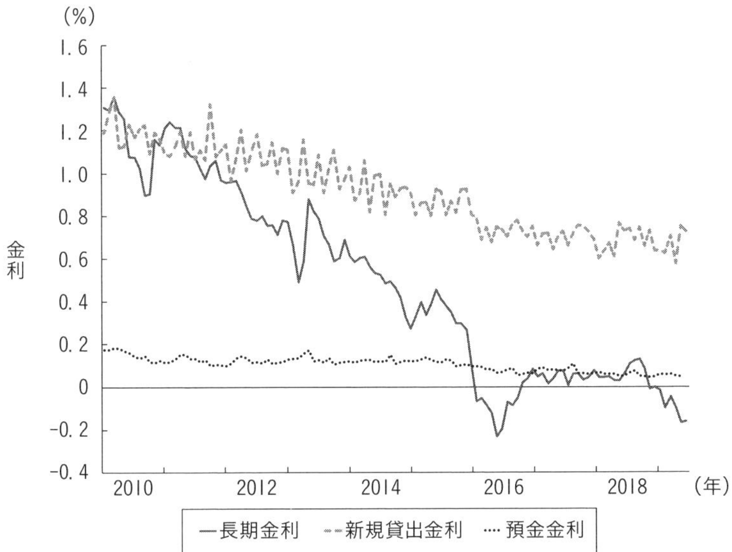


出所：日本銀行「預金・貸出関連統計」。

が低下し，貸出等のリスク資産での運用がしにくくなる状況に陥れば，マクロ経済にも負の影響を与える可能性があります。

日本銀行は2016年9月，新たな政策枠組みとして**長短金利操作**を導入し，10年物国債金利が概ね0%で推移するように誘導することを発表しました。当時－0.2%程度で推移していた長期金利を0%付近まで押し上げることで，マイナス金利が金融機関のバランスシートに与える悪影響を避ける狙いがあると考えられます。

実際には，大規模金融緩和を掲げる日本銀行が長期国債を売却して金利を上昇させる（国債価格を下落させる）ことは難しいので，予定している国債の買入れ額を減額したり，日銀が保有する国債が償還された後も再投資をしない，といった方法によって国債金利の上昇が促されることになります。

この政策枠組みは，マイナスの短期金利を維持しつつ長期金利は0%まで押し上げるという点で，長期・短期の金利を同時にコントロールしようという試みです。これはイールドカーブ全体の傾きを動かすことになるため，「**イールドカーブ・コントロール**」と呼ばれます。

ただし，金融緩和時における長期金利操作が抱える本質的な問題点として，金利を上昇させる手段についての限界が指摘されます。長期国債の買入れの減額には当然限度がありますし，国債の償還時期はあらかじめ決められていますから，再投資の停止といっても金利状況に応じて柔軟かつ迅速に実行できる手段ではありません。

逆に長期金利を低下させる操作についても，問題がないわけではありません。国債金利を低下（国債価格を上昇）させることは国債の大量購入によって可能ですが，2019年3月時点において約1,100兆円の発行済国債残高のうち，その43%にあたる486兆円を日本銀行はすでに保有しており，さらに大幅に国債購入量を増やすことになれば市場を歪ませかねません（**図表9－6**）。市場で流通している国債残高があまりに低下すると，ちょっとした需給バランスの変化に対して長期金利が過敏に変動してしまうという副作用も懸念されます。

**図表9－6 ▶▶▶ 国債保有比率（2019年3月）**

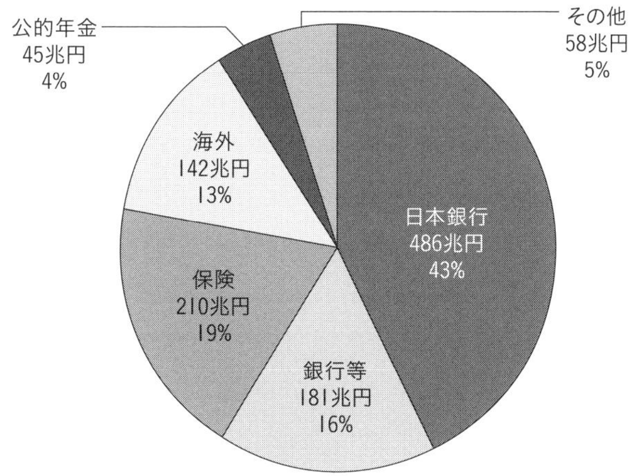


出所：日本銀行「資金循環統計」。

## Working　調べてみよう

1. 2000年8月のゼロ金利解除当時の新聞記事を調べ，ゼロ金利解除がどのように評価されていたのかを確認してみましょう。
2. ゼロ金利解除を決めた金融政策決定会合の議事録を読み，当時の政策委員がどのような議論をしていたのかを調べてみましょう。
3. マイナス金利の導入はコール市場における取引にどのような影響を与えたのか，調べてみましょう。
4. 長短金利操作の導入以降，長期金利の誘導目標（0%）からの乖離はどの程度で推移しているでしょうか。また，イールドカーブは導入前後でどのように変化したでしょうか。

## Discussion　議論しよう

1. 時間軸政策に伴う時間不整合性を解決するためには，本文で述べたこと以外にどのような方法があり得るでしょうか。
2. 日本銀行が取り入れた長短金利操作は，今後世界の中央銀行でも導入されることになるでしょうか。そのメリット・デメリット等をあげながら議論しましょう。

# 第10章 「非伝統的」金融政策

## 量的緩和・信用緩和

**Learning Points**

▶前章では，金利操作に関する非伝統的金融政策として，超低金利政策や長短金利操作を紹介しました。本章では，金利ではなく量的な金融緩和手段である量的緩和と信用緩和を詳しく見ていきます。

▶超低金利政策と並行して実行される政策ですが，膨大な資産を買い入れる政策のため，その副作用への懸念もあります。

**Key Words**

量的緩和　信用緩和　ポートフォリオ・リバランス効果　シグナル効果　モラルハザード

## 1 量的緩和政策
ゼロ金利政策を超えて

### 1.1 ゼロ金利政策との違い

金融政策において，政策変数は基本的に金利と通貨量の二者択一であることはすでに述べたとおりです。量的緩和政策は，前章でみた超低金利政策とは異なり，通貨量を政策変数とした金融政策です。2001年3月に導入された量的緩和では，日銀当預残高に対して5兆円の誘導目標が設定されました。

一般には，日銀当預残高のような通貨量に目標を設定するのであれば，コールレートをコントロールすることはできません。例えば，資金需要が高まってコールレートに上昇圧力がかかったとしても，日本銀行は日銀当預残高を目標額以上に増加させることができないため，コールレートが上昇することを放置せざるを得ません。

**図表10－1 ▶▶▶無担保翌日物コールレート（2001年2月～4月）**

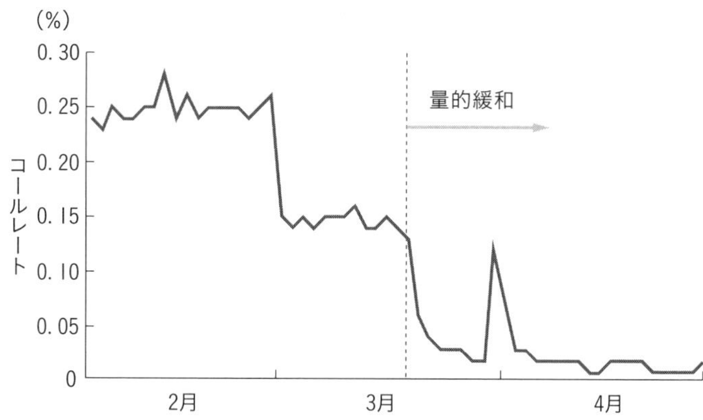


出所：日本銀行。

ただし，これは資金需要と資金供給が一致する「通常時」の話で，量的緩和の場合は少し事情が異なります。量的緩和政策の最大の特徴は，日銀当預残高の目標値が，銀行が積むべき法定準備額の総額を大幅に上回るという点です。

量的緩和が開始された2001年3月の時点では，所要準備額の総額が約4兆円だったのに対し，日銀当預の残高目標は5兆円に設定されました。日銀当預需要の最大の要因は準備需要ですから，日本銀行は約1兆円の供給超過状態を意図的に発生させたことになります。コールレートをゼロにするのであれば4兆円強ですむところを，1兆円近い「余分な」日銀当預の供給を行ったという点が，ゼロ金利政策と量的緩和の違いです。

2001年3月19日の量的緩和導入後，金融機関は資金調達を行う必要性が低くなったため，コールレートは大きく低下しました。**図表10－1**を見ると，導入直前まで0.15%程度を付けていた無担保翌日物コールレートは，導入月の下旬には0.02%まで低下しています。

このようにコール市場が供給超過の状態にある場合には，日銀当預という通貨量が政策変数として採用されたとしても，補完当座預金制度のような金利の下限を設定する制度が特になければ，コールレートは安定的にほぼ0％

**図表10－2 ▶▶▶量的緩和における通貨需要・通貨供給曲線**

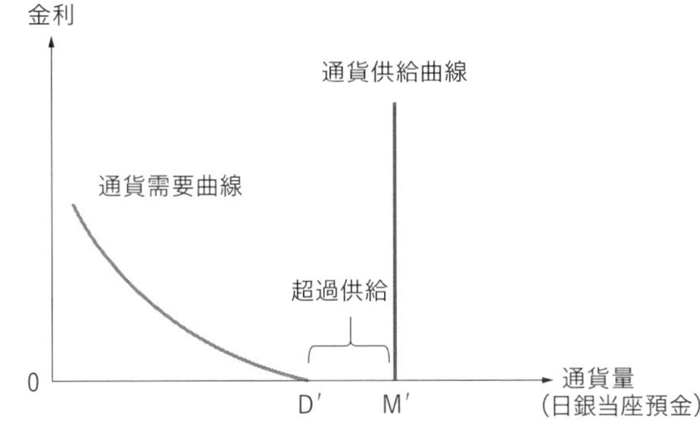


で維持されます。

これを通貨需要・供給曲線を用いて図示すると，**図表10－2**のようになります。図のM′- D′に相当する供給超過が発生しているため，金利はゼロです。一般的な意味でのゼロ金利政策においては，超過供給を伴わないので通貨供給量はD′となります。これに対し，量的緩和とは超過供給が発生するM′> D′のケースを指します。

## 1.2 量的緩和の効果

日本銀行がある意味では必要以上に資金供給を行うのが量的緩和ですが，それはどのような効果をもたらすのでしょうか。量的緩和で期待される効果としては，大きく分けて３種類あります。それは，①**ポートフォリオ・リバランス効果**，②**シグナル効果**および③**金融システムの安定化**です。

### 1.2.1 ポートフォリオ・リバランス効果

量的緩和では巨額の資金供給オペが行われるため，金融機関の保有している大量の国債が日銀当預へと振り替わります。量的緩和が導入された時点では補完当座預金制度はなく，日銀当預への付利はありませんでした。少しでも利回りを稼ぎたい金融機関は，日銀当預に積まれた過剰準備を他の資産での運用に向ける必要があります。

日銀当預に資金を積んでおいても実体経済は何も動きませんが，この資金が企業への貸出や株式投資に回れば，設備投資が増加したり株価が上昇することが期待できます。金融機関から見れば，当座預金からリスク性資産へと運用方法を変更するわけですから，資産構成（ポートフォリオ）が調整（リバランス）されることになります。

量的緩和がもたらすこうした効果を，**ポートフォリオ・リバランス効果**と呼びます。ただ，金融機関はもともとリスクを嫌って国債などの安全資産を保有していたわけですから，資金供給オペで日銀当預が増したからといって貸出などの高リスク資産に移すかどうかは疑問とする見方もあります。

### 1.2.2 シグナル効果

**シグナル効果**とは，量的緩和が採用されることによって，ゼロ金利状態がしばらく続くことが市場参加者に期待される効果です。量的緩和はゼロ金利政策より一段と緩和度が高い政策ですから，仮に景気が上向いて量的緩和が解除されたとしても，通常はすぐにコールレートが引き上げられることはありません。いったん過剰準備を解消してゼロ金利政策に戻り，ひと呼吸おいた後でゼロ金利政策を解除してコールレートを引き上げるという手順が自然です。

こうしたことから，量的緩和を採用することで，実質的には金利の時間軸効果と同様の効果を生み出すことが期待されます。このことに加え，日本銀行は2001年3月の量的緩和導入に際して次のような公約をしています。

> 「新しい金融市場調節方式は，消費者物価指数（全国，除く生鮮食品）の前年比上昇率が安定的にゼロ％以上となるまで，継続することとする」
>
> —2001年3月19日日本銀行公表資料より引用

1999年に導入されたゼロ金利政策でも，「デフレ懸念の払拭ということが展望できるような情勢になるまで」ゼロ金利を続けるという公約がありましたが，今回は明確にインフレ率が「安定的にゼロ％以上となるまで」と具体的な数値条件を示しています。具体的な条件を示したほうが，市場参加者にとっては将来の政策がわかりやすくなり，時間軸効果はより強く働くと考えられます。

### 1.2.3 金融システムの安定化

**金融システム**とは，金融機関同士が資金のやりとりを行うしくみを意味する総称です。金融システムの特徴として，どこかの金融機関が破綻したり，信用不安が起こったりすると，全く無関係に見える多くの金融機関にまで信用不安が波及することがあります。

そのような信用不安の伝播が起こると，本来は健全な金融機関であっても資金調達が困難になり，期限までに決められた支払いができず破綻してしまうこともあります。その点，過剰準備が大量に積まれている量的緩和の下では，健全な金融機関は当面の間資金調達の必要性は低くなります。となれば信用不安が波及する恐れも低下しますから，金融市場全体が落ち着いた状態になります。

また日本銀行は，現時点だけでなく将来の資金調達の不安も取り除くため，次のような公約も行っています。

「なお，資金需要が急激に増大するなど金融市場が不安定化するおそれがある場合には，上記目標にかかわらず，一層潤沢な資金供給を行う」

—2001 年 3 月 19 日日本銀行公表資料より引用

このような将来の資金供給の拡大も柔軟に行うとする量的な意味でのコミットメントは，市場の安心感を高め，金融システムを安定化させる働きを強化したと考えられます。

## 1.3 量的緩和の副作用

上記のような効果が期待される一方で，量的緩和は当時史上初の試みであったがゆえにさまざまな副作用の可能性が懸念されました。ここではそれらを確認しておきましょう。副作用として懸念された代表的なものは，①**コール市場の機能低下**および②**モラルハザードの発生**です。

### 1.3.1 コール市場の機能低下

量的緩和の下ではコール市場での取引が激減しましたが，これには需要側と供給側の両面からの理由があります。需要面では，各金融機関が大量に余剰資金を保有した状態になるため，コール市場で資金を取ろうとする金融機関が非常に少なくなります。

対して供給面からは，金利がほぼゼロのため，取引にかかる手数料などのコストを考えるとコール市場で運用することのメリットがほとんどなくなってしまい，資金の出し手が減少します。当時は翌日物コールレートが0.001%ということも頻繁にありましたが，このとき10億円を1日運用して得られる利息は，およそ27円にすぎません。

第5章でも述べましたが，コール市場が取引市場として機能しなくなれば，金融機関は急に資金が必要になった場合でもすぐには調達できません。そうなると，各金融機関はますます資金を手元に積んでおこうとします。このことはさらにコール市場での出し手を減らし，コール取引を減少させるという悪循環を引き起こします。

図表10－3はコール市場の取引残高です。ゼロ金利政策時も大きく取引が減少していますが，量的緩和の導入後はさらに大きく減少しています。

### 1.3.2 モラルハザードの発生

通常であれば，コール市場のような金融市場には，健全な金融機関とそうでない金融機関を選別する機能が備わっています。例えば，経営状態を悪化させるような大きな損失を被った金融機関は，返済が滞る恐れがあるとして資金調達金利が上昇したり，資金の出し手が減少したりします。もし資金調達ができなければ，市場からの退出は避けられません。

このように金融市場の選別機能が働いている状況では，金融機関にはリスク管理を厳しく行うインセンティブがあります。これは**市場の規律付け**が働いている状況です。

ただし，こうした規律付けは金利が正の値をとる環境でしかうまく力を発揮しません。政策金利がほぼゼロの状態では，多少リスク管理に難がある金融機関であっても，健全な金融機関と同じように低い金利で資金が調達できてしまうからです。

また，日本銀行による大量の資金供給によって潤沢な流動性を保有していれば，そもそも他の金融機関から資金調達を行う必要性は薄くなります。資金調達に困らなければ市場の規律付けが働きませんから，行き過ぎたリスクを取るような行動も許容されることになりかねません。

日本銀行が潤沢に資金供給を行うことは，間違いなく金融機関の資金調達を楽にしますが，それは同時にリスク管理を甘くしてしまうという側面も持ち合わせているのです。市場の規律付けが働かず，金融機関のリスク管理が甘くなってしまう状況を，**モラルハザード**（**道徳的危険**）と呼びます。

**図表10－3 ▶▶▶コール市場残高（月末）**

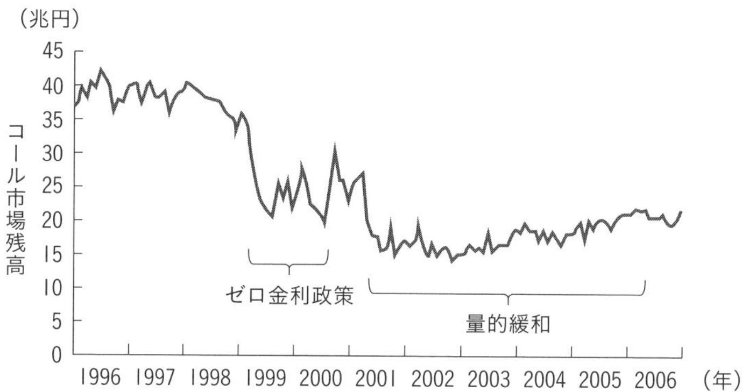


出所：日本銀行（各種マーケット関連統計）。

量的緩和は，金融機関の資金調達への不安を取り除くことで金融システムを安定させる効果がある一方で，優良な金融機関だけでなく，不適切な金融機関の存続をも許してしまう恐れがあります。

## 2 信用緩和政策
### 中央銀行による高リスク資産の引受け

### 2.1 信用緩和とは何か

次に，**信用緩和**について見ていきましょう。信用緩和とは，伝統的なオペで日本銀行が引き受けていた資産とは異なる，よりリスクの高い資産を買い取る政策のことです。

伝統的な日本銀行の資金供給オペでは，国債のような安全性の高い資産が受け入れ資産となっていました。それに対して，日本銀行が近年行った一連の金融緩和においては，**資産担保証券**（asset backed securities：**ABS**），**コマーシャルペーパー**（commercial paper：**CP**），**社債**，**上場投資信託**（**ETF**）および**不動産投資信託**（**J-REIT**）といったリスクの高い資産を購入しています（図表 10－4）。

なお，日本銀行によるリスク資産の購入に関しては，「他業の禁止」を定める日銀法の規定に基づき，財務大臣と金融庁長官の認可を受けた上で行っています。このことは，こうしたリスク資産の購入が通常時の金融政策では行われない例外的な政策手段であることを示しています。

### 2.2 信用緩和の効果－中央銀行がリスクを引き受けることの意味－

リスク性資産の買い入れ策は，資金供給の拡大を目的としたオペレーションとは性格が異なります。以下では信用緩和の効果について，①**リスクの移転**，②**資産価格の下支え効果**および③**リスクプレミアムへの影響**に分けて見ていきましょう。

**図表10－4 ▶▶▶日本銀行のリスク資産買い入れ**

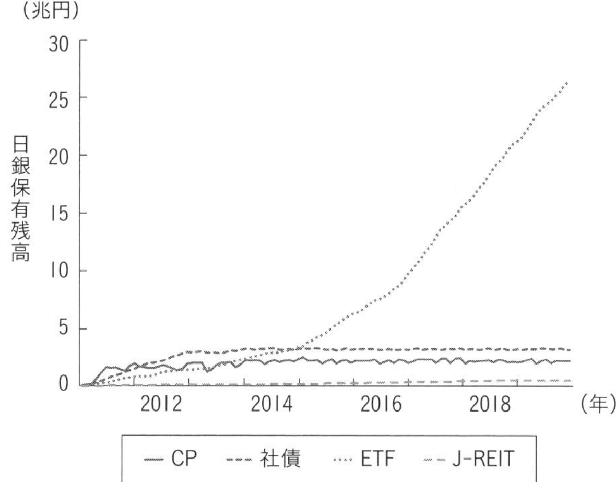


出所：日本銀行（日本銀行関連統計「日本銀行勘定」）。

## 2.2.1 リスクの移転

日本銀行がリスク資産を受け入れる信用緩和では，民間金融機関が保有するリスクそのものを日本銀行が引き受けるという面があります。金融機関が保有するリスク資産を買い取ることで，金融機関のバランスシートが資産価格の変動から受ける影響は小さくなります。

また，リスク資産を日本銀行に売却した金融機関は，リスクが減少した分，再び新たなリスク資産を購入する余裕ができます。これはリスク資産全体の需要を増加させますから，日本銀行が直接購入した資産だけでなく，他の資産の需要をも拡大することにつながります。さらに，たとえ実際には購入しなくても，いざとなれば日本銀行が買ってくれるという安心感が金融機関の資産購入意欲を高め，市場を活性化させる効果も期待できます。

## 2.2.2 資産価格の下支え効果

特定の資産を日本銀行が大量に購入することは，その資産の価格を直接下支えする効果もあります。この「下支え効果」が最も威力を発揮すると考えられるのが，信用不安の発生などがきっかけとなって資産が大量に売られる局面です。

詳しくは第13章で説明しますが，近年のサブプライムローン危機では，サブプライムローンに関連していると思われる証券が短期間に大量に売られました。大量の売りが出ると当然その証券価格は暴落しますが，価格の回復が望めない限り，損失を最小限に止めるためには一刻も早く売ることが合理的です。そうなれば，各金融機関は損失が発生するにもかかわらずわれ先に売り抜けようとします。こうした現象を，**投げ売り**（fire sale）と呼びます。

金融機関が競って投げ売りをする状況では，金融市場はある種のパニック状態になり，市場は機能不全に陥ります。価格のシグナル機能が働かず，価格が本来のファンダメンタルズから（下に）大きく乖離してしまうことも起こり得ます。中央銀行による資産買取りには，こうした混乱の中で下がりすぎた資産価格を下支えすることで，市場を落ち着かせる効果が期待されます。

## Column 日本銀行の買い取り対象資産

ここで，日本銀行の買い取り対象となっている資産がどのようなものなのかを簡単に説明しましょう。

資産担保証券（ABS）とは，住宅ローン債権，商業用不動産，自動車ローン債権など，将来収益が得られるような多くの債権を束ねて1つの証券にしたものです。

コマーシャルペーパー（CP）は，社債と同じように企業が発行する債券ですが，社債の満期が1年以上であるのに対してCPの満期は1年以内という違いがあります。また，CPは優良企業によってのみ発行されます。

上場投資信託（ETF）は，証券取引所で取引されている投資信託のことです。なかでも日本銀行が買い取り対象としたのは，日経平均株価およびTOPIXといった株価指数に連動して価格が決まるものです。株価指数と連動したETFを購入することは，指数の算出に用いられた複数の株式を購入することと本質的に同じですから，買入れが特定の株式に偏ることを避けられます。

不動産投資信託（J-REIT）は，複数の不動産の売却益や家賃収入などを元手にして，投資家に分配金を支払う投資信託です。これも証券取引所で売買されています。

なお，いずれの資産についても，日本銀行の買い取り対象となるのは格付け機関から一定以上の格付けを得ているものに限られます。

### 2.2.3 リスクプレミアムへの影響

中央銀行が資産価格を下支えすることが明らかになれば，買い取り対象となった資産は必然的に価格変動リスクが低下します。一般に，価格変動リスクが減少した資産の平均利回りは低下します。なぜなら，価格変動リスクに応じて決まるリスクプレミアムが低下するからです。

社債を例にとりましょう。社債とは企業によって発行される債券ですが，その利子率は次のように分解できます。

**社債利子率　＝　安全資産利子率　＋　リスクプレミアム**

ここで，リスクプレミアムの大きさは，その社債の価格変動リスクに応じて上下します。価格の下落リスクが高ければ，投資家は平均的に高いリターンでなければ購入しないため，リスクプレミアムは大きくなります。

社債は企業にとっての資金調達手段ですから，社債利子率は低いほうが資金調達コストは下がります。社債利子率が低下するためには，国債のような安全資産の利子率が低下するか，リスクプレミアムが低下するかのどちらかですが，安全資産利子率は超低金利状態では下げ余地が限られます。そこで，リスクプレミアムを低下させることが重要な意味を持つわけです。

伝統的な金融緩和は，安全資産をオペの対象としていることから安全資産利子率を低下させますが，リスクプレミアムに働きかけることはできません。一方で，信用緩和の枠組みでは社債を直接購入するため，社債の価格変動リスクを減らすことでリスクプレミアムを直接的に低下させることが可能になるのです。

このことは，他のリスク資産についても同様に考えることができます。安全資産利子率に低下余地がないような状態においても，リスクプレミアムの低下によってリスク資産の利子率を押し下げることで，企業の資金調達を円滑化する効果が期待できます。

## 2.3 信用緩和の問題点

近年はじめて導入された信用緩和ですが，さまざまな課題も残されています。ここでは①資産価格への影響，②制度的問題点，③資源配分の歪み，の3点について確認しましょう。

### 2.3.1 資産価格への影響

第1に，中央銀行の資産買い取りは，本当に資産価格を動かす力があるのかという点です。中央銀行が大量の資産買い取りを行うことは，市場が機能不全に陥った場合など，価格がファンダメンタルズから大きく乖離する事態を修正することに対してはある程度有効だと考えられます。

ただし，資産価格は基本的にファンダメンタルズによって決まってくるものですから，一時的な買い取り政策では長期間にわたって価格に影響を与えることはできません。中央銀行の資産買い取りは，もともとファンダメンタルズそのものを直接的に改善させることを目的とした政策ではないのです。

中央銀行の資産買い取りによって，実際に景気が良くなることを通じてファンダメンタルズが改善し，それに伴って資産価格が上昇してくれば，資産価格のトレンドに影響を与えることができたといえます。しかしファンダメンタルズが改善しなければ，継続的に資産買い取りを行わない限り，価格を維持することは難しいといわざるを得ません。

### 2.3.2 リスク資産購入の制度的問題

第2に，高リスク資産の購入を中央銀行が行っていいのかという制度的な問題です。リスクの高い資産を購入すると，損失が発生して中央銀行の自己資本が毀損する確率も高くなります。もしそうなれば，中央銀行から政府に支払われる国庫納付金が減少します。

第4章で見たように，国庫納付金の減少は税収の減少と同じですから，結局は納税者の負担につながります。国家予算を決める権限がないはずの中央銀行が，自らの選択によって納税者の負担を左右してしまうことになりかねないのです。

民間企業とは異なり，また政府からも独立した中央銀行が，政府収入の減少につながる行動を自ら選んでもよいのかどうかは議論があるところです。政府収入を左右するという意味では，リスク資産を購入する政策は政府の財政政策に近いといえます。

ただし，中央銀行が出す損失は，一般企業にとっての損失とは本質的に異なるものと見ることもできます。なぜなら，一般企業にとっての負債とは異なり，中央銀行の発行する負債すなわち銀行券には返済期限がないからです。返済期限がないという点では一般企業にとっての株式と本質的に同じですから，中央銀行が銀行券を発行することは，自己資本を増加させることと同じ意味を持つはずです。もしそうであれば，損失を出したとしても，銀行券を発行することで穴埋めができることになります。

中央銀行の自己資本の意味をどのように解釈するかという問題は，専門家の間でも未だ合意に至っていません。近年の先進国の中央銀行についていえば，損失分を銀行券の増刷で補うという考え方はなく，国庫納付金の減額や政府からの補塡で補うことが標準的です。

その理由としては，銀行券の発行で損失を補うと歯止めが効かなくなり，結果的に通貨価値の下落(＝インフレ)を招くという認識があります。また，金融政策による過度なリスクテイクを許容すれば，財政政策との区別が曖昧になり，民主主義の観点からも問題が生じます。こうした理由から，中央銀行にも一定の自己資本を持たせることで，銀行券の発行を規律付ける必要があるとの考え方が優勢になっています。

### 2.3.3 資源配分の歪み

最後に，特定の企業の社債や株式を購入することが，市場の資源配分機能を歪めるという点が指摘されます。社債や株式の価格は，本来は発行企業の信用力や成長力によって決まるものです。信用力が低い企業の社債や株式は損失のリスクが高くなりますから，市場による選別が適切になされていれば低い価格が付けられるはずです。

しかし，中央銀行が特定企業の社債や株式を大量に買い取ると，こうした市場の選別機能が弱まり，買い取り対象になった資産の価格が過大評価されてしまいます。市場の選別機能が弱まれば，本来は信用力・成長力が低いはずの企業に過剰な資金が行きわたるなど，ミクロ的な資源配分が歪められることになります。

従来型の金融政策であれば，ミクロの資源配分には直接的には影響しないと考えられますが，信用緩和の下では，財政政策と同じようにミクロの資源配分にも直接影響を与えてしまう可能性があるのです。

## Working 調べてみよう

**1．量的緩和や信用緩和によって，長期金利やCP，および社債の金利がどう変化したのかを調べてみましょう。**

**2．現時点において，国債金利が上昇すると，日本銀行のバランスシートにどの程度の影響を与えるのか調べてみましょう。**

## Discussion 議論しよう

**1．ゼロ金利政策と量的緩和では，得られる効果はどう違うのでしょうか。また，その理由は何でしょうか。**

**2．中央銀行がリスクの高い資産を購入することについて，そのメリットと問題点を挙げてみましょう。**

# 第11章 「非伝統的」金融政策のまとめと今後の課題

**Learning Points**

- ▶第９章と第10章では，ゼロ金利・マイナス金利政策，量的緩和および信用緩和といった「非伝統的」金融政策を見てきました。非伝統的政策の多くは日本銀行が世界に先駆けて導入した枠組みですが，他にもさまざまな新しい試みがなされています。
- ▶本章では，復習も兼ねて近年の金融緩和政策の変遷を概観しつつ，前章までに登場していない新たな政策を紹介していきます。
- ▶また，近年の大規模金融緩和が生み出した課題も検討します。

**Key Words**

**包括緩和　物価目標　量的・質的金融緩和　財政ファイナンス　出口政策**

## 1 新日銀法時代の金融政策
### 総裁別に見る金融政策の変遷

まず始めに，1998年に施行された新日銀法以降の金融政策を日本銀行の総裁別に振り返っていきましょう。1998年3月に就任した速水総裁から，速水→福井→白川→黒田と現在まで4人の総裁が5年ごとに就任しています。日銀総裁は政策委員会の議長でもあり，金融政策の方針に大きな影響力を持ちます。総裁別に見ていくことで，各時期の金融政策の特徴がよくつかめるでしょう。

### 1.1 **速水総裁期**－ゼロ金利政策・量的緩和の導入－

1998年～2003年の速水総裁期には，ゼロ金利政策や量的緩和政策など画期的な政策が次々に導入されました。制度的な面でも，1998年に新日銀法が施行され，それ以前と比べて政策決定のプロセスが大きく変わった時期です。

現在では金融政策に関わる事項は政策委員会においてすべて決定されますが，旧日銀法下では政府の関与が大きく，政策委員会に実質的な決定権はありませんでした。また，総裁・副総裁・理事で構成された役員集会（通称円卓（まるたく））も同時に存在しており，政策委員会の位置付けも曖昧でした。

新日銀法の施行後は役員集会が廃止され，政策委員会が実質的にも日本銀行の最高意思決定機関となります。政府関係者には議決権がなく，政策委員同士の議論を通じて金融政策が決定されるようになりました。このような新しい制度的枠組みができた矢先に，ゼロ金利政策や量的緩和の導入といった史上初の試みが続いたわけです。

2001年3月に採用された量的緩和は，当初の日銀当預残高目標は5兆円でしたが，速水総裁の任期の終盤には17～22兆円まで引き上げられました（**図表11－1**）。また2002年10月には，金融市場の安定化を図る目的で2兆円を上限に金融機関からの株式買い取りを開始しました。中央銀行が株

**図表11－1 ▶▶▶コールレートと日銀当座預金残高**

出所：日本銀行。

式のような高リスク資産を購入することはそれまでなかったため，この決定は大きな話題となりました。

## 1.2 福井総裁期－量的緩和の解除－

量的緩和政策の真っただ中の2003年3月に就任した福井総裁は，就任直後に臨時の金融政策決定会合を開いて株式買入れ額を3兆円に増額するなど，金融緩和に積極的な姿勢を見せました。日銀当預残高目標は2004年に30～35兆円まで引き上げられ，2003年7月には1兆円を限度とする資産担保証券の買入れも開始されています。

福井総裁期の1つの大きな特徴は，量的緩和政策の解除，いわゆる**出口政策**を経験したことでしょう。量的緩和の開始から5年を経た2006年3月，景気が着実に回復していると判断した日本銀行は，誘導目標をそれまでの日銀当預残高からコールレートに変更します。具体的には，コールレートに「概ねゼロ％」の誘導目標を設定した上で，量的緩和の下で膨らんだ日銀当預残高を数カ月かけて徐々に減少させていくという段取りをとりました。

日銀当預残高の減少に数カ月の時間を要すのには，それなりの理由があります。第1に，解除直前には30兆円を超える残高がありましたが，コールレートが正の値をとる環境に戻すためにはそれを所要準備額近くまで減少させる必要があります。当時の所要準備額は10兆円程度でしたから，約20兆円もの資金吸収を行う必要がありました。国債を大量に売却すれば吸収は可能ですが，短期間に行えば金利を乱高下させるというデメリットがあります。

そのため，国債の償還を迎えても再投資を控えたり，一時的供給オペの期限切れ後に再供給を行わないことを通じて資金吸収を行う方法をとりました（章末のColumnを参照）。当時日本銀行は50兆円強の国債を保有していましたが，満期の短い国債が多く，償還までの残存期間は平均3～4年と比較的短かったことから，自然減でもそれほど時間がかからない構造になっていました。

第2に，量的緩和期のコール市場は，「死んだ」といわれるくらい取引が減少しており，円滑な取引が行われるようになるまで回復するのには時間がかかると予想されました。

取引回復に時間がかかる大きな理由は，各金融機関がコール市場取引に関わるディーラーなどの人的資源を削減していたためです。なお，後の白川総裁期にはコールレートに下限を設定することになりますが，その背景にはこのときの経験が教訓としてあります。

量的緩和解除から4カ月を経た2006年7月，コールレートの誘導目標が0.25%に引き上げられ，量的緩和に続いてゼロ金利政策も解除されました。

## 1.3 **白川総裁期**ー度重なる危機対応と信用緩和ー

2008年3月，総裁不在のままいったんは副総裁に就任した白川氏ですが，新総裁人事が国会で二度不同意となったことを経て，翌4月に総裁に昇格します。異例の就任で始まった白川総裁の任期中には，歴史に残る非常事態が三度も発生しました。

それは，2008年の**リーマンショック**（**金融危機**），2010年の**欧州債務危機**そして2011年の**東日本大震災**です。白川総裁期に打ち出された政策の多くは，これらのイベントを受けて悪化する経済状況に対応すべく新たに考え出されたものです（**図表11－2**）。

リーマンショック直後の2008年9月には，国内金融機関の米ドル調達を支援するため，FRBとの**スワップ取極**に基づいて米ドル供給オペ（3カ月以内の貸付，利率は入札で決定）を開始します。翌10月には，これを限度額無制限とする固定金利での貸付に変更しました。

同時に，CP現先オペの積極的な活用や，年越しの資金供給を積極的に行うためのターム物オペの早期開始など，リーマンショックを受けて不安定化する金融市場の安定化策をいくつも打ち出しました。

2008年12月には，企業の資金繰りを支援する目的で，**企業金融支援特別オペ**を開始します。これは企業への貸出債権を担保とし，担保額の範囲内において日本銀行が金融機関に対して無制限に貸し出す資金供給オペレーショ

**図表11−2 ▶▶▶白川総裁期に導入された主な制度**

| | |
|---|---|
| 2008年9月18日 | 米ドル供給オペ |
| 10月14日 | 米ドル供給オペの固定金利化，CP現先オペの積極的な活用，年末越え資金供給のためのターム物オペ |
| 10月31日 | 補完当座預金制度（利率0.1%） |
| 12月19日 | 企業金融支援特別オペ |
| 2009年1月22日 | CP等買入 |
| 2月19日 | 社債買入 |
| 12月18日 | 「中長期的な物価安定の理解」の明確化 |
| 2010年6月15日 | 成長基盤強化を支援するための資金供給 |
| 10月5日 | 包括緩和（金利誘導目標の変更（0.1%→0〜0.1%），「中長期的な物価安定の理解」に基づく時間軸の明確化，資産買入等の基金の創設（総額35兆円）） |
| 2011年4月7日 | 被災地金融機関を支援するための資金供給オペ |
| 2012年2月14日 | 「中長期的な物価安定の目途」 |
| 2013年1月22日 | 「物価安定の目標」（CPI前年比2%） |

ンです。

このオペでは日本銀行が直接的に企業に貸出を行うわけではありませんが，金融機関が保有する貸出債権を担保として貸付を行うという点で，銀行貸出を増加させる目的に特化した資金供給オペです。この企業金融支援特別オペは2010年3月で終了しましたが，同様の目的のオペは，2010年6月に開始された**成長基盤を強化するための資金供給**（**成長基盤オペ**）に引き継がれます。

## 1.3.1 包括緩和政策

2010年10月には，コールレートの誘導目標を0.1%から0〜0.1%へ変更すると同時に，貸付や資産買入を行うための総額35兆円の基金を創設します。

資産買入基金の内訳は，共通担保資金供給オペに30兆円，資産買入れ分として5兆円が割り当てられました。買入れ対象資産別に見ると，国債（1.5兆円），国庫短期証券（2兆円），CPと社債（各0.5兆円），ETF（0.45兆円）およびJ-REIT（0.05兆円）となっています。

長期国債の買い入れについては，従来は**銀行券ルール**が適用されていました。銀行券ルールとは，2001年3月の決定会合で決められた，「日本銀行が保有する長期国債の残高は，銀行券発行残高を上限とする」という規定のことです。2010年時点では，80兆円弱の銀行券残高がありました。

ところが国債買入の増額が繰り返されたことで，日本銀行の長期国債保有額が大きく上昇していたため，さらなる金融緩和を図る上でこのルールが障壁となる可能性がありました。そこで，資産買入基金を臨時の措置として設置することで，その基金の枠内で買い入れる長期国債については銀行券ルールの適用外としたのです。

形式上は，経済成長に伴う通貨需要増への対応は従来の買入オペで対応するとし，これに関しては銀行券ルールの適用を続けました。ただ，従来型のオペでも基金による買い入れでも，どちらにしても長期国債を買い入れることに違いはありません。こうした事情もあり，銀行券ルールは後の黒田総裁就任後に一時停止の措置がとられ，長期国債の買い入れ枠も一本化されてい

### Column 銀行券ルール

長期国債の保有額に上限を設定する銀行券ルールには，どのような意義があるのでしょうか。

日本銀行が長期国債を買い入れるもともとの理由は，経済成長に伴って発生する銀行券需要の増加に対応するためです（第6章を参照）。しかし量的緩和の導入に際し，日銀当座預金の供給手段として長期国債の買い入れが増額されていくことが予想されました。

際限なく中央銀行が長期国債を買い取れば，政府の財政を助けているとの印象を与えてしまいます。銀行券ルールは，政府の財政を助けるものではないことを明らかにするための制度的担保としての役割を担っていた面があります。

また，中央銀行のバランスシートを考えると，長期国債の保有高が銀行券発行高を下回っている限り，長期国債の買い入れを銀行券でファイナンスできるというメリットがあります。銀行券という無利子の長期負債を発行することで，金利収入を生む長期国債を購入できるわけです。

さらに，将来的に景気が回復した後に当座預金を吸収する局面を想定すると，償還まで時間のかかる長期国債を多く保有することは好ましくありません。満期の短い資産であれば償還によってバランスシートを自然に縮小させることができますが，満期まで待てずに長期国債を売却することになれば，国債価格に悪影響を与える可能性があるからです。

こうしたことを踏まえ，2001～2006年の量的緩和では，期間の短い資金供給オペをメインとし，長期国債の保有高を限定していました。

ます。

日本銀行は，基金の設置に先立つ 2009 年 12 月，「**『中長期的な物価安定の理解』の明確化**」として，物価安定の定義に関する政策委員の見解を以下のように公表していました。

> 「消費者物価指数の前年比で２％以下のプラスの領域にあり，委員の大勢は１％程度を中心と考えている」
> —日本銀行公表資料「『中長期的な物価安定の理解』の明確化」より引用

日本銀行は，コールレートの誘導目標を 0 ～ 0.1％に引き下げると同時に，この「物価安定の理解」に基づき，「物価の安定が展望できる情勢になったと判断するまで，実質ゼロ金利政策を継続していく」ことを公約しました。ゼロ金利政策を継続するための条件について言及していることからわかるように，これは明確なフォワードガイダンスです。

以上の３つの政策，すなわち，

⑴ 金利誘導目標の変更
⑵ 「中長期的な物価安定の理解」に基づく時間軸の明確化
⑶ 資産買入等の基金の創設

をあわせて，**包括的な金融緩和政策**または**包括緩和**と呼びます。当初 35 兆円で始まった資産買入基金ですが，2011 年 3 月に東日本大震災への対応で 40 兆円に増額されたことを皮切りに何度も変更され，2012 年 12 月には 101 兆円にまで増額されました。

### 1.3.2 インフレ目標の導入

日銀法では，「物価の安定」が中央銀行の重要な役割の１つとして明記されていますが，法的には「物価の安定」の数値的な定義は規定されていません。日本銀行は，具体的な物価上昇率の目標値を定めることを避けてきましたが，デフレ脱却を求める政府や専門家からは，明確なインフレ目標を定める**インフレ・ターゲティング**（inflation targeting）を採用すべきとの声が強まっていました。

2009年12月に公表された前述の「『**中長期的な物価安定の理解**』**の明確化**」は，そのような状況の中で公表されたものです。2012年2月には「**中長期的な物価安定の目途**」を公表し，消費者物価の前年比上昇率について，当面は1％を「目途」として政策運営を行うと発表しました。これは金融政策における正式な「目標」ではないものの，かなりインフレ・ターゲティングと近い考え方だといえます。

そして2013年1月，ついに「**物価安定の目標**」として，消費者物価の前年比上昇率2％を政策目標に掲げました。正式なインフレ・ターゲティングの導入です。

インフレ目標の導入については，政府から再三の要求があったこと，また日本銀行はこれまで導入に一貫して否定的であったことから，自主的に導入したというよりも，政治的圧力をかわしきれなくなった結果だと見るほうが自然です。

## 1.4 黒田総裁期－量的・質的金融緩和－

### 1.4.1 量的・質的金融緩和

デフレからの脱却がままならない経済状況の中，第2次安倍政権による大胆な景気対策，いわゆる**アベノミクス**に世間の期待が集まります。2013年3月，その安倍政権に任命された黒田総裁は，金融政策面からアベノミクスを支える役割が期待されました。

黒田総裁就任翌月の2013年4月には，**量的・質的金融緩和**と呼ばれる大規模な金融緩和策が導入されます。この金融緩和策の目標としては，次の3つが掲げられました。

(1) 2年間で2％のインフレ目標を達成
(2) マネタリーベース，長期国債およびETFの保有額を2年間で2倍に
(3) 長期国債買い入れの平均残存期間を2倍以上に延長

黒田総裁はこうした緩和策を，量・質ともにこれまでとは全く異なる金融緩和という意味で，自ら「異次元の金融緩和」とも呼んでいます。日本銀行が示した当初の計画では，2012年末から2014年末までの保有資産の予定増加額を130兆円強と設定しています（**図表11－3**）。なお，このような大規模な買い入れ政策を行うにあたり，既存の資産買入基金は廃止されました。

上記の3つの目標を見ると，「2年間」，「2％」，「2倍」と同じ数字を並べることで，国民に対してわかりやすくアピールしていることがわかります。こうした数字は，厳密に経済学的に決定されたというよりも，いかに国民の期待に働きかけるかという観点から決定されたと考えるのが自然です。また2014年4月からは，それまで禁止されていた総裁記者会見のリアルタイム放送も可能にするなど，情報発信に注力していることがうかがえます。

詳しくは以下で説明しますが，こうした大規模な資産買い入れ政策はその後もさらに拡大の一途をたどり，2019年7月時点の日銀の総資産額は，黒田総裁着任前の2012年末と比べて3.6倍，2014年末と比較しても2倍近くまで増加しています（**図表11－3**）。

### 1.4.2 マネタリーベース操作

量的・質的金融緩和では，マネタリーベースを2年間で2倍に増加させるという目標を掲げているとおり，政策変数がコールレートから再び通貨量に

**図表11－3 ▶▶▶量的・質的金融緩和による日銀保有資産の拡大**

（単位：兆円）

| | 2012年12月 | 2014年12月(予定) | 2014年12月(実績) | 2019年7月 |
|---|---|---|---|---|
| マネタリーベース | 138 | 270 | 276 | 518 |
| 長期国債 | 89 | 190 | 201 | 469 |
| CP等 | 2.1 | 2.2 | 2.2 | 2.2 |
| 社債等 | 2.9 | 3.2 | 3.2 | 3.2 |
| ETF | 1.5 | 3.5 | 3.8 | 26.6 |
| J－REIT | 0.11 | 0.17 | 0.18 | 0.53 |
| その他含む資産合計 | 158 | 290 | 300 | 568 |

出所：日本銀行ホームページおよび「日本銀行勘定」。

変更されています。金額にすると，年間60～70兆円のペースでマネタリーベースが増加することになります。通貨量が政策目標とされたのは，2006年に量的緩和が解除されて以来のことです。

ただし，2001年に導入された量的緩和では日銀当預残高に目標が設定されていたのに対し，今回はマネタリーベース（＝銀行券発行高＋貨幣流通高＋日銀当座預金）であるという点に違いがあります。

日銀当預残高を政策変数とすると，当座預金から現金が引き出された場合に残高が減少してしまうのに対し，金融機関の保有現金も含むマネタリーベースではそれがありません。日本銀行が直接的に供給する通貨量全体であるという点で，マネタリーベースは日銀当預残高よりもわかりやすいこともメリットといえるでしょう。

ただし，日銀当預残高が大幅に所要準備を上回っている環境では金利がゼロ近辺で安定しますが，そうでない場合にはマネタリーベース操作では金利の変動を大きくする可能性がある点には留意が必要です。

### 1.4.3 量的・質的金融緩和の拡大－マイナス金利・長短期金利操作－

黒田総裁就任直後から大胆に始まった量的・質的金融緩和ですが，その後も継続して緩和の度合いが強化されています。2014年10月には，マネタリーベースおよび長期国債の日銀保有額を共に年間80兆円のペースで増額するとし，ETFおよびJ-REITの保有残高についてはそれぞれ年間3兆円，900億円のペースで増額することを発表しました。

2016年1月には「**マイナス金利付き量的・質的金融緩和**」を導入し，新たな補完当座預金制度として日銀当預の一部（政策金利残高）に－0.1％の付利を行います。同年7月，ETFの買い入れ増加額が年間6兆円に増額された後，同年9月には「**長短金利操作付き量的・質的金融緩和**」の導入を発表しました。

「長短金利操作付き量的・質的金融緩和」の枠組みでは，補完当座預金制度によって－0.1％のマイナス金利政策を維持する一方,長期金利は概ね0％に維持するというイールドカーブ・コントロールが開始されました。すなわち，金利を政策変数として採用することが示されており，マネタリーベースに誘導目標を設定していた既存の量的政策とはもはや両立しないことになります。第４章で学んだ通り，金利に誘導目標を設定するのであれば，通貨量は通貨需要の変動に対応して受動的に動かさなければならないからです。

決定会合後に出された日本銀行の公表文によると，マネタリーベース目標については次のように述べられています。

「マネタリーベースの残高は，上記イールドカーブ・コントロールのもとで短期的には変動しうるが，消費者物価指数（除く生鮮食品）の前年比上昇率の実績値が安定的に2%を超えるまで，拡大方針を継続する」
（日本銀行「金融緩和強化のための新しい枠組み：『長短金利操作付き量的・質的金融緩和』」2016年９月21日）

この発表によると，長期金利の誘導目標設定に伴いマネタリーベースの変動は許容するが，基本的には拡大する方向だと説明しています。ただ，実際はマネタリーベースの増加率は減少傾向にあり（**図表３－５**），金利と量の双方を同時にコントロールすることは難しいことを物語っています。

また，上の公表文では，インフレ率が「安定的に2%を超えるまで」マネタリーベースの拡大を続けると述べられており，明確なコミットメント政策をとっています。日本銀行は，インフレ率が目標値である2%に達してからもしばらくは金融緩和を維持する点を強調して「**オーバーシュート型コミットメント**」と呼んでいます。これはもちろんフォワードガイダンスによって将来の緩和効果を「前借り」することを企図したものです。

2018年７月には，「強力な金融緩和継続のための枠組み強化」として，フォワードガイダンスの正式な導入とともに，マイナス金利の対象となる政策金利残高の引き下げを決定します。また，長期金利についてはそれまで誘導目標としていた0%を維持しつつも，許容変動幅について次のように修正しました：

「金利は，経済・物価情勢等に応じて上下にある程度変動しうるものとし，買入れ額については，保有残高の増加額年間約80兆円をめどとしつつ，弾力的な買入れを実施する」
（日本銀行「強力な金融緩和継続のための枠組み強化」2018年7月31日）

これは長期金利が0%からある程度乖離しても許容することを示唆しており，長期金利操作が困難であることが読み取れます。

## 2 大規模金融緩和が残した課題

さて，歴史上例のない大規模な金融緩和が発動されてきたわけですが，ここまで大規模な緩和政策を行うことに対してはさまざまな懸念もあります。そのいくつかは第9章と第10章ですでに述べたことと基本的に同じですが，以下ではそれ以外の点についても説明しましょう。

### 2.1 財政ファイナンス

大規模な金融緩和では日本銀行が大量の国債を購入することになりますが，それが市場において購入される限り，通常は問題にはなりません。しかし歴史を振り返ると，中央銀行が国債を大量に保有することで苦い経験をした国が多くあります。

どこの国でも，政府の財政が赤字になると国債を発行するわけですが，あまりに財政赤字が蓄積されると市場では国債の買い手がつかなくなってしまいます。なぜなら，その国債が償還される可能性が低くなるからです。そうした状況において窮地に陥った政府が最後に必ず頼るのが，**中央銀行による国債引き受け**という手段です。通常は市場で売却すべき国債を，それができないので中央銀行に買い取らせるのです。

中央銀行は政府の意向に従わなければならないとすると，政府は好きなだけ国債を発行し，中央銀行はそれを買い取るためにどんどん紙幣を増刷することになります。こうなると紙幣の価値がどんどん下落しますから，激しいインフレが発生することは避けられません。

こうした現象は，敗戦国や政治的混乱に陥った国などで何度も見られました。歴史上ハイパーインフレが発生したほとんどのケースで，このような中央銀行による**財政ファイナンス**が原因となっています。

この過ちを繰り返さないために，近年の先進国では中央銀行に独立性を持たせることが標準的になっており，国債などを中央銀行が直接引き受けることは法的に禁じられています。日本では，**財政法第５条**において，政府が日本銀行に国債を引き受けさせたり，日本銀行から直接借り入れたりすることを禁じています。

近年の大規模金融緩和を見ると，直接的に政府から国債を引き受けているわけではないにしても，日本銀行が大量の国債を保有している点では共通しています。これほど国債購入額を増加させると，国債発行を増やしても日本銀行が購入してくれるという安心感が政府の財政規律を緩めてしまう可能性も否定できません。

本来であれば，政府の財政規律に対する市場の評価は国債の市場価格あるいは市場金利に反映されます。しかし，中央銀行が大量の国債を買うことが常態化すれば，市場による規律付けを歪めることになってしまいます。その意味では，いくら景気対策とはいえ，金融緩和の適正規模には一定の限度が存在するはずです。

## 2.2 国際波及効果

大規模な金融緩和は，日本だけでなくユーロ圏やアメリカでも行われましたが，そうした世界的な金融緩和を背景として新たに出てきた問題の１つに，**金融緩和の国際波及効果**が挙げられます。

日本やユーロ圏およびアメリカといった国々は，経済規模で見ればかなりの大国です。そうした大国が一斉に金融緩和を行っているわけですから，供

### Column 出口政策

大規模緩和政策を解除して政策金利を引き上げるための手順としては，徐々にバランスシートを縮小して日銀当預を吸収していくやり方が正攻法です。これを行うための最も自然な方法は，一時的供給オペの期限切れ後（「期落ち」といいます）に日銀当預の再供給を行わないことです。

この方法では過去に行った資金供給オペの期限を待つだけですので，資金吸収オペを行うことなく日銀当預を減少させることができます。実際に2006年3月に量的緩和が解除された後の日銀当預の吸収は，主に期落ちを利用したものでした。

ただし前のコラムでも述べたように，こうした方法が可能であった背景として，当時の量的緩和では期間の短い資金供給オペをメインにしていた点は重要です。

2013年に導入された量的・質的金融緩和では，オペの平均期間が量的緩和時に比べてかなり長くなっており，また満期の長い国債の保有も多くなっているという点で，バランスシートの縮小は当時に比べて難しくなることが予想されます。

中央銀行のバランスシートがあまりに大きい場合には，バランスシート規模を維持したまま金利を引き上げる方法として，コリドーのフロアである準備預金への付利水準を引き上げることも検討されています。

ただし，付利の対象外となる金融機関が存在する限り付利水準が必ずしもフロアにならないため，付利水準を引き上げるだけではコールレートを正確にコントロールすることはできません。

給された資金が一部でも他国に流れれば，その国にとっては巨額の資金が流入したことになります。

例えば，アメリカで供給された大量の資金の多くはアメリカ国内で運用されますが，一部の資金が南米の小国に流れて不動産購入に使用されたとしましょう。この小国にとってはかなりの規模で不動産が買われることになりますから，それをきっかけに国内で不動産バブルが発生するかもしれません。

しかも，アメリカの金融緩和がきっかけで不動産が大量に購入されたわけですから，アメリカが逆に金融引き締めを開始したらそれとは逆のことが起こる可能性があります。不動産価格が下落して，小国の景気を急激に悪化させるかもしれません。

経済学では，ある経済主体による行動の影響度合いがその経済主体が想定する範囲を超える場合，**外部性**があるといいます。大国の中央銀行といえども周辺国の経済状況を考慮して政策を行っているわけではありませんから，こうした周辺国への波及効果は一種の外部性だといえます。

過去の経験の蓄積がないだけに，世界的な金融緩和における出口政策が生み出す外部性がどのような影響を及ぼすのか，今後注視していく必要があります。

## Discussion　議論しよう

**1．黒田総裁就任後に銀行券ルールが停止されましたが，銀行券ルールのメリットとデメリットは何でしょうか。**

**2．2000 年代後半以降，主要中央銀行の多くが金融緩和を行っていますが，中央銀行同士は協調して政策運営をすべきでしょうか。それとも独自に決定すべきでしょうか。**

**3．「大規模金融緩和，財政赤字，インフレ」をキーワードとして，最近の金融政策の方針に対する自分の見方を述べましょう。**

# 第12章 金融政策の新たな枠組み

Learning Points

▶過去十数年にわたって打ち出されてきた非伝統的金融政策の数々は，デフレ脱却を担う日本銀行による試行錯誤の結果でもあります。ただ，デフレや不況が長引くにつれて金融政策に対する政府の圧力も強まっており，以前よりも政府の意向を強く反映した政策になってきていることも確かです。
大規模金融緩和の採用は，中央銀行と政府との関係性や，中央銀行の責任範囲といった問題について改めて考え直す契機にもなっています。

▶本章では，「独立性」と「透明性」という中央銀行制度の基本的な考え方を説明した上で，今後どのような金融政策の枠組みを採用すべきなのかを検討していきます。

Key Words

**独立性　透明性　フォワードガイダンス　アナウンスメント効果**

## 1 中央銀行の独立性
### 2つの意味

中央銀行が金融政策を決定することは現在では当たり前となっていますが，過去を振り返ると決してそうではありません。日本においても，実質的に政府が金融政策を決定していた時期のほうがむしろ長いのです。

金融政策は景気拡大に対して大きな影響力を持つため，支持率を上げたい政治家にとっては金融政策を利用するインセンティブがあります。多くの国において，実質的に政府が金融政策を決定していた（いる）のもそのためです。中央銀行が自主性を持って金融政策を決定できるとき，**中央銀行の独立性**があるといいます。

新日銀法の下では旧日銀法に比べて独立性は大きく改善しましたが，それでも金融政策以外に関する予算の権限は政府が握っていたり，金融政策決定会合に政府関係者が出席できることなど，他の先進国にみられる中央銀行の独立性とは大きく異なる点もあります。

これには憲法65条における「行政権は，内閣に属する」という規定が大きく関わっています。憲法で規定されている以上は日本銀行の政府からの完全な独立性はありえませんから，この規定をどういう形で満たしながら独立性を確保するのかが，旧日銀法を改正する際に重要な論点となりました。その結果，日本銀行が金融政策における最終的な決定権（政策決定会合における投票権）を有しつつも，政府が日銀総裁をはじめとした政策委員の任命権および予算権を掌握し，さらに政策決定会合において議決延期請求権を提出できることを規定する形となりました。

実は金融政策運営において中央銀行がどの程度の独立性を持っているのかが，ときとしてマクロ経済を考える上で非常に重要な意味を持つことがあります。中央銀行の独立性というと単なる制度上の話のように聞こえますが，政府と中央銀行では行動様式が異なるため，政策決定を行うのが政府なのか中央銀行なのかによって，実行される政策も異なります。その結果として，達成される経済状態も大きく違ってくる可能性があるのです。

## 1.1 独立性の定義

はじめに，もう少し詳しく独立性を定義しておきましょう。金融政策に関する独立性の定義は，大きく２種類に分けられます。それは，①**目標の独立性**，および②**手段の独立性**です。

なお，この章における独立性とは金融政策の独立性についてであって，もう１つの中央銀行の任務であるプルーデンス政策（金融安定化策）に関しては，また別の議論が必要です。プルーデンス政策については，受け入れ資産価値の下落を通じて大きな財政負担が発生する可能性があるなど，財政との切り離しが難しく，中央銀行の独立性が望ましいかについては議論があるところです。

**図表12－1 ▶▶▶各国の政策目標設定主体**

| 政　府 | 政府と中央銀行 | 中央銀行 |
|---|---|---|
| ブラジル，イスラエル<br>ノルウェー，イギリス | オーストラリア，カナダ<br>チェコ，ハンガリー<br>アイスランド，インドネシア<br>韓国，ニュージーランド<br>フィリピン，ルーマニア<br>南アフリカ，トルコ | チリ，コロンビア<br>メキシコ，ペルー<br>ポーランド，スロバキア<br>スウェーデン，タイ<br>ユーロ圏，スイス<br>アメリカ，日本 |

出所：Heenan, Peter, Roger［2006］IMF Working Paper 06/278 をもとに作成。



## 1.1.1 目標の独立性

中央銀行が自主的に金融政策の目標を設定できるとき，**目標の独立性**があるといいます。ただしこの場合の「目標」とは，中央銀行が何を目指すべきかといった広い意味での目的とは異なります。

一般に，広い意味での目標の独立性については，100％の独立性が与えられることは民主主義の観点から望ましくありません。金融政策のようにマクロ経済に対して非常に影響力のある政策の最終目標を，選挙によって選ばれたわけではない中央銀行の少数の人々が決めることには問題があるからです。

現在ではほとんどの国において，中央銀行の使命は物価や景気の安定化であることが法律で規定されています。通常用いられる「目標の独立性」とは，法律で課された大まかな目的を追求するために，具体的な目標値を設定することができる自由度を指しています。

例えば日本についても，日本銀行が保持している目標の独立性はインフレ率などで示される具体的な政策目標を決める自由であって，「物価の安定」という大きな目的については日銀法で与えられています。一方で海外に目を向けると，大きな目的だけでなく具体的な政策目標についても政府の関与があるケースも数多く見られます（**図表12－1**）。

日本銀行は2013年1月に物価安定目標としてインフレ率2％を掲げましたが，この決定には政府の強い意向が働いたことは前章で述べた通りです。法的には日本銀行が独自に政策目標を決定できる制度になっていますが，実質的には政府との合意で決定されたと考えるべきでしょう。

### 1.1.2 手段の独立性

新聞記事などで通常用いられる「中央銀行の独立性」は，特に断りがなければ，**手段の独立性**を指すことがほとんどです。手段の独立性とは，ある政策目標が与えられたときに，その目標を達成するための手段を中央銀行が自主性を持って選択できることです。

旧日銀法の時代には，政府（大蔵省）が政策金利である公定歩合を実質的に決定していたという点で，日本銀行には手段の独立性がありませんでした。現在の先進国においては，中央銀行に手段の独立性を与えることは常識となっています。

中央銀行に対して手段の独立性を与える動きは，1990年代後半頃から日本だけでなく世界的に見られた現象です。この時期に，金融政策という景気対策の手段を各国の政府が一斉に手放し始めたのです。では，なぜ各国の政府は金融政策を手放し，中央銀行に独立性を与えるようになったのでしょうか。以下では，世界的な動きの背景にあったマクロ経済学的な議論を見てみましょう。

## 1.2 独立性とインフレ率

### 1.2.1 インフレバイアス

なぜ独立性が与えられたのかを考えるために，もし政府が金融政策を行ったらどうなるかを考えてみましょう。政府は政治家で構成されていますから，遠い将来を見据えた政策よりも，次の選挙に勝つための政策を優先する傾向があります。そのため，10年後や20年後ではなく，数年後に行われる次の選挙までに政策効果が出ることが望まれます。

このとき，早く景気を良くしたい政治家は，将来のことをあまり考慮せずに過度の金融緩和を行う可能性があります。この場合の「過度の金融緩和」とは，企業がすでに生産能力からみて十分な生産をしているにもかかわらず，それ以上に景気を良くしようと金融緩和を行うことです。

企業が適正な生産量以上に生産を増加させるためには，賃金を引き上げて労働力を増加させることが必要です。ただし，生産コストである賃金が上昇すれば生産財価格も上昇しますから，そのような生産量の増加はインフレを伴います。

賃金が上昇すれば労働力の供給も増加しますが，インフレも同時に発生するため，物価上昇を考慮した**実質賃金**はそれほど上昇しないかもしれません。とくに，賃金の額面を意味する**名目賃金**の上昇率と物価の上昇率が同じであれば，実質賃金は全く変化しないことになってしまいます。

家計は実質賃金の増加が期待できれば労働力の供給を増やしますが，名目賃金が上昇してもそれが実質賃金の上昇を伴わないことがわかっていれば，そもそも労働力の供給を増やそうとはしないでしょう。すでに十分な生産をしているときに景気を良くしようと金融緩和を行っても，インフレ率が上昇するだけで景気はそれ以上拡大しないわけです。このとき発生したインフレの上昇分は，**インフレバイアス**と呼ばれます。



**図表12−2 ▶▶▶中央銀行の独立性と平均インフレ率**

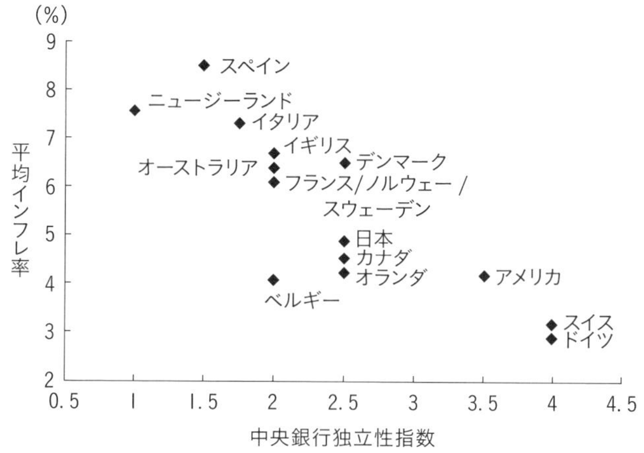


資料：Alberto Alesina and Lawrence H. Summers [1993] Journal of Money, Credit and Banking, Vol. 25, No. 2, pp. 151-162.
出所：Alesina and Summers [1993] をもとに筆者作成。

### 1.2.2 独立性とインフレの関係

1990年代の前半頃，各国の中央銀行の独立性を数値化し，インフレ率との関係を見るという研究が盛んに行われました。この研究によると，中央銀行の独立性が低い国は，平均してインフレ率が高いことが明らかになりました（**図表12－2**）。

この研究結果は，中央銀行が政府に比べてインフレを嫌うことを踏まえると，上記の説明と整合的です。独立性の低い国では金融政策に対する政治家の圧力が強いわけですから，前述のメカニズムによってインフレバイアスが発生しやすくなります。一方で，独立性の高い国では中央銀行が自主性を持って金融政策を決定しており，インフレに対する姿勢が政府よりも厳しいとすれば，インフレバイアスは小さくなるはずです。

この結果は，中央銀行に独立性を与えることで高インフレを避けられる可能性があることを示しており，中央銀行に対して独立性を与えることの有力な根拠とされました。

## 2 金融政策の透明性

**独立性の対価としての説明責任**

一般に「中央銀行の透明性」とは，政策決定の内容およびプロセスの公開度を意味します。中央銀行は政府から独立して金融政策を行うことができるかわりに，政策内容や判断の根拠に対する**説明責任（アカウンタビリティ）**が生じます。この点について，日銀法第三条は次のように規定しています。

第三条2　日本銀行は，通貨及び金融の調節に関する意思決定の内容及び過程を国民に明らかにするよう努めなければならない。

以下では，日本銀行によってこれまでなされてきた透明性を高める取り組みについて見ていきましょう。

## 2.1 新日銀法時代の透明性

新日銀法では，それ以前の旧日銀法時代と比べて透明性を高めるための規定がいくつか設けられました。どのような理由に基づいて意思決定が行われていたのかが見えにくかった旧日銀法時代と異なり，現在は金融調節に関する説明や政策委員の発言などを含めて，さまざまな面で情報にアクセスしやすくなっています。新日銀法の下で導入された主な制度には次のようなものがあります。

- 金融政策決定会合における決定内容の公表および議事要旨・議事録の公表（議事要旨を速やかに公開，議事録は10年後に公開）
- 国会報告等の充実（年2回の金融政策に関する報告書）
- 金融政策決定会合の定例化（当初は概ね月2回，現在は年8回）
- 政策委員会の位置づけの明確化（実質的な意思決定を行っていた役員集会を廃止）

これらに加え，日本銀行総裁は，国会から求められた場合にはその都度国会に出席して金融政策の内容等について説明する義務があります。また，年1回「業務概況書」を公表し，日本銀行の業務内容や財務・決算の状況などを報告しています。これらの内容はすべて日本銀行ホームページからアクセスすることができ，一般の人も読むことができます。

## 2.2 透明性強化の取り組み

新日銀法の施行によって透明性が大幅に高まりましたが，2000年代以降は主に政策効果を高める観点から透明性を高める取り組みがなされています。図表12－3はその中の主なものをまとめた表です。

福井総裁就任から約半年後の2003年10月，日本銀行は「**金融政策の透明性の強化について**」と題し，以下の事項を発表しました。

- 経済・物価情勢に関する日本銀行の判断についての説明の充実

・量的緩和政策継続のコミットメントの明確化

具体的には，それまで月１回行われていた総裁記者会見を毎回の決定会合直後に行うことや，量的緩和の解除時期についてより具体的な条件を公表することが示されました。

量的緩和の解除時期についての具体的な条件とは，(1)インフレ率が単月でゼロ％以上となるだけでなく，基調的な動きとしてゼロ％以上であると判断できること，(2)インフレ率が先行き再びマイナスとなると見込まれないこと，の２点が必要条件とされました。こうした条件を公表した背景には，速水総裁時代のゼロ金利政策解除が早すぎたという反省と，時間軸効果を最大限に活用しようという意図があったと考えられます。

2006年３月には，「**新たな金融政策運営の枠組みの導入**」として，

・「物価の安定」についての明確化

・２つの「柱」に基づく経済・物価情勢の点検

などが示されました。１つ目については，日銀法で規定された「物価の安定」の解釈について日本銀行の考え方を明確にすることで，金融政策の目標に関する共通理解を深めてもらおうという意図があります。この時点では明確にインフレ目標値が示されたわけではありませんが，政策委員の考える「**中長期的な物価安定の理解**」が，０～２％の範囲で中心値が１％にあるとされました。

**図表12－3 ▶▶▶透明性強化の取り組み**

| 公表日 | 名　称 | 内　容 |
|---|---|---|
| 2003年10月10日 | 「金融政策の透明性の強化」 | •政策説明の充実<br>•コミットメントの明確化 |
| 2006年３月９日 | 「新たな金融政策運営の枠組みの導入」 | •「中長期的な物価安定の理解」<br>•０～２％程度で中心は１％前後<br>•２つの「柱」に基づく点検 |
| 2009年12月18日 | 「中長期的な物価安定の理解」の明確化 | •CPI前年比２％以下のプラスで，中心は１％程度 |
| 2012年２月14日 | 「中長期的な物価安定の目途」 | •CPI前年比２％以下のプラスで，中心は１％を目途に政策運営を行う |
| 2013年１月22日 | 「物価安定の目標」 | •CPI前年比２％を政策目標に |

またこれと同時に，政策を決定するうえで，以下のような**2つの「柱」**に基づいて経済・物価情勢を点検していくこととしました。

**柱1：**1～2年後の経済･物価情勢について，最も蓋然性の高い見通しが，物価安定の下での持続的な経済成長をたどっているか。

**柱2：**より長期的な観点から，発生確率は低くても，発生すると影響の大きいリスクがないか。

この2つの「柱」では，近い将来に発現する政策効果が正しい軌道に乗るかを確認するだけでなく，より長いタイムスパンで見て大きなリスク要因となり得ることがないかを点検しながら政策を進めていくことを規定しています。

上記の「中長期的な物価安定の理解」は，2009年12月の「**『中長期的な物価安定の理解』の明確化**」，および2012年2月に公表された「**中長期的な物価安定の目途**」によって，政策決定におけるインフレ指標の位置付けがより明確にされています。特に2012年の「物価安定の目途」では，物価の安定をCPIインフレ率で2％以下のプラスの領域とし，そのうえで当面は1％を目途に金融政策運営を行うことが明記されました。

そして2013年1月，「**物価安定の目標**」として，CPIインフレ率2％が設定されます。それまでの日本銀行は，物価安定の「理解（understanding）」や金融政策運営の「目途（goal）」として具体的な物価上昇率を公表していましたが，最終的には金融政策の「目標（target）」としてインフレ率2％が設定されました。政策目標がはっきりとした数値で公表されるようになったという意味では，透明性はそれまでに比べてかなり高まったといえるでしょう。

## 3 透明性の政策的効果
### 超低金利時代の政策ツール

民主主義を担保する意味でも説明責任は必要ですが，政策決定の内容や根拠を公表して透明性を高めることは，政策効果の観点からも重要な意味があります。とりわけ，将来の政策に関する情報を発信することは，現時点の政策効果にも大きな影響を及ぼします。

## 3.1 アナウンスメント効果

中央銀行によって新しい情報がアナウンスされると，将来の政策決定に対する人々の期待がアナウンス内容に影響を受けます。例えば，中央銀行が「来月からコールレートを１％引き上げる」とアナウンスすると，実際にはまだ引き上げられていなくても，市場のコールレートには上昇圧力がかかります。

また，直接的に誘導目標のアナウンスをしなくても，「景気は予想以上に回復している」などと経済情勢に関する判断を明らかにすることでも金利上昇の要因となります。

このように，中央銀行の発言が市場に影響を与える現象を，**アナウンスメント効果**と呼びます。金融政策運営の透明性が向上することは，望むと望まないにかかわらず，アナウンスメント効果が強く発揮される環境が作り上げられることにもなります。

アナウンスメント効果をうまく利用すれば政策効果を高めることができますが，思わぬ市場の反応が政策効果を弱めてしまう場合もあります。あまりに高い透明性はかえって市場を不安定化させる可能性もあることから，ほどほどの透明性にとどめておくべきだと主張する経済学者も多くいます。

## 3.2 フォワードガイダンス

透明性の高い現代の金融政策においては，現時点の誘導目標だけでなく，将来の政策に対する期待を考慮に入れて政策決定を行うことが極めて重要になっています。ある時点に行われた政策変更は，市場参加者の将来の政策に対する期待を変化させることを通じて，債券市場や株式市場などに大きな影響を及ぼすからです。

また，第９章で見たように，期待を通じて将来の金利経路を操作することは，政策金利が下限制約にある状況においては特に重要なツールです。これらの観点から，フォワードガイダンスの役割は近年ますます重要になってきています。

日本銀行が正式に政策金利のフォワードガイダンスを導入したのは2018年7月ですが，すでに見た通り，将来の政策について言及する例は以前からあります。1999年のゼロ金利政策では，「デフレ懸念の払拭ということが展望できるような情勢になるまで」ゼロ金利を維持すると発表していましたが，これはフォワードガイダンスのさきがけだといえるでしょう。

海外に目を向けると，アメリカのFRBは2000年代初頭，欧州中央銀行は2014年7月，イングランド銀行は2013年8月にフォワードガイダンスが導入されています（**図表12－4**）。日本銀行はマネタリーベースや資産買い入れ額の想定される増加ペースについてもアナウンスしていますが，これらの国々においても，政策金利だけでなく資産買い入れ政策についてのフォワードガイダンスが採用されています。

政策の先行きについてアナウンスすることで将来の短期金利への期待を変化させ，長期金利を動かすことができるという点は，フォワードガイダンスの大きな魅力です。ただし，時間不整合性の問題には注意が必要です。

**図表12－4 ▶▶▶各国のフォワードガイダンス**

| | |
|---|---|
| イングランド銀行<br>（イギリス） | 2013年8月：「失業率が7%まで低下しない限りは，金利を0.5%に据え置く」<br><br>2014年2月：「金利を上げる状況になるまでにはまだ経済成長が必要だ。金利を上げる時期が来たとしても，ゆっくりとかつ限られた上昇になるだろう」 |
| 連邦準備制度理事会<br>（アメリカ） | 2012年12月：「失業率が6.5%以上で，1～2年先のインフレ率予想が2%目標を0.5%以上上回らず，かつ長めのインフレ期待が引き続き十分に落ち着いている状況においては，このような例外的に低い政策金利が適切だろう」 |
| 欧州中央銀行<br>（ユーロ圏） | 2013年7月：「理事会は，政策金利が，現在と同じかそれ以下の水準でかなりの期間維持されると予想している」 |

例えば，「今後1年間は金利0%を続ける」とフォワードガイダンスを行ったとしても，その効果が発揮され半年後の時点で十分に高いインフレ率が達成されれば，その時点で金利を上げるインセンティブが発生します。それを市場参加者が予測していれば，現時点のフォワードガイダンスには信頼性がなく，そもそも長期金利への影響は弱くなってしまいます。この状況を回避するには，中央銀行は公約を守るという信頼を得ていることが必要です。

まだ各国のフォワードガイダンスの歴史は浅く，実際に中央銀行が公約を破った場合にどの程度信頼性を失うのか，はっきりしたことはわかりません。今後，過去のフォワードガイダンスによる公約を破棄するインセンティブが発生するほどにインフレ率や景気が上昇した場合，過去の公約の存在を中央銀行と市場参加者がその時点でどのように捉え，どの程度公約の遵守が重要視されるのか，注目される点です。

## 3.3 物価水準目標，名目GDP目標，平均インフレ目標

近年の金融政策では，インフレ率に目標を設定するインフレ・ターゲティングが主流になっていますが，目標として設定すべき経済変数はインフレ率だけとは限りません。各国の中央銀行がインフレ率を目標にしている理由は，①物価の安定が法的な使命であること，②インフレ率が一般に理解されやすいこと，があります。

多くの中央銀行において物価の安定は中央銀行の使命とされており，インフレ目標を設定することはそれと整合的だといえます。ただし，物価の安定を図ることが使命であったとしても，インフレ率に目標を設定することがそれを達成するための最良の手段とは限りません。インフレ率以外の経済変数に目標を設定するほうが，物価の安定という観点からより望ましい結果を生む可能性もあるからです。

### 3.3.1 物価水準目標

インフレ率に目標を設定することのデメリットは，物価が大きく変化した

場合でも，その時点からの物価上昇率しか考慮されない点です。

仮に，10%のデフレによって物価水準が100から90に下落したとしましょう。目標インフレ率が２%の場合，過去の履歴に関係なく現時点の物価水準（＝90）から２%上昇を目指しますから，物価水準では91.8を目標とすることになります。

しかし，「物価の安定」という観点からすると，短期間に100から91.8まで下落することは正当化されるとは思えません。直近のデフレを考慮すれば，今期のインフレ目標は通常よりも高めに設定するのが望ましいとも考えられます。

インフレ率ではなく，物価水準そのものに目標値を設定する制度を，**物価水準ターゲティング**（price-level targeting）と呼びます。物価水準ターゲティングでは，物価の「上昇率」ではなく「水準」に目標値が設定されるため，過去のインフレ率とは関係なく，本来達成されるはずの物価水準（=102）が目標となります。つまり，10%デフレの後は約13%のインフレ率が目標となるわけです。

このことを図示したのが**図表12－5**です。物価水準ターゲティングの下では，T時点で物価が下落すると，T＋１時点にかけて大きなインフレが起こることがわかります。デフレの後には，インフレ・ターゲティングの下での目標インフレ率よりも高いインフレ率を目指すことが必要になるわけです。

物価水準ターゲティングの最大のメリットは，過去のインフレ率が今期の目標インフレ率に影響するという**履歴効果**にあります。前述のように，物価水準ターゲティングではデフレになればなるほど高い目標インフレ率が設定されることになりますが，その意味で，物価水準ターゲティングはインフレ・ターゲティングが持たない歴史依存性をもともと持っているのです。

物価水準ターゲティングが持つ歴史依存性を人々が理解していれば，デフレが厳しいときほど強い金融緩和が期待されることになり，予想インフレ率も上昇しやすくなります。言い換えれば，物価水準ターゲティングには一種の自動安定化装置が備わっているということができます。

**図表12−5 ▶▶▶インフレ・ターゲティングと物価水準ターゲティングの違い**

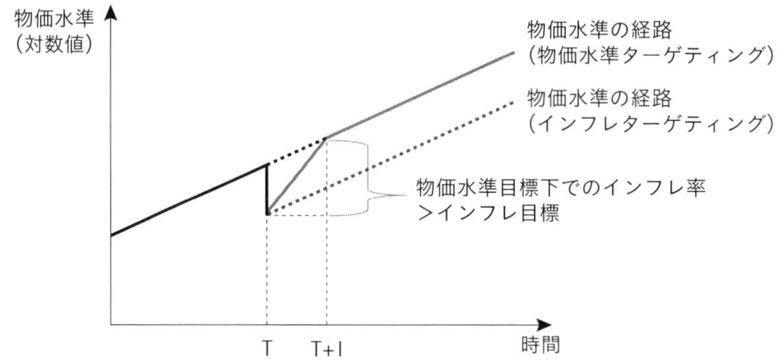


## 3.3.2 名目 GDP 目標

インフレ・ターゲティングのもう1つのデメリットは，インフレ目標を達成することが主な目的となるため，実質 GDP で示されるような実体経済の状態が十分に考慮されない可能性があることです。このような弊害は，**名目 GDP 目標**を設定する**名目 GDP ターゲティング**（nominal GDP targeting）を採用することによって回避できる可能性があります。

名目 GDP とは，理論上は物価水準に実質 GDP をかけたものです。つまり，名目 GDP の変動は物価変動と実質 GDP の変動に分解できますから，必然的に政策目標の半分は実体経済に振り分けられることになります。ただし，インフレ率が高まった場合は実質 GDP を低下させることでも名目 GDP 目標が達成できますから，高インフレ時には実体経済が犠牲になる可能性はあります。

もう1つ，名目 GDP 目標を設定するメリットとして考えられるのは，**計測誤差**が少ない点です。インフレ率を算出するためには物価水準を計測することが必要になりますが，実はこの作業が非常に難しく，常に計測誤差の危険性を伴います。誤差が生じる主な理由は，生産される財・サービスの商品や品質は常に変化しており，過去から一貫して同一商品の価格を追跡していくことが困難だからです。

正確な計測誤差を知ることは困難ですが，大まかに見て，インフレ率で０～＋１％程度の誤差があるといわれています。計測されたインフレ率は真の値よりも高めに出ることが多く，これを**上方バイアス**といいます。上方バイアスの存在は，インフレ目標値を０％ではなく，少し高めの値に設定すべきとする根拠の１つとなっています。

その点，名目GDPは物価水準と実質GDPに分けて計測されるわけではなく最初から名目GDPとして計測されるため，物価の計測誤差は関係ありません。

### 3.3.3 平均インフレ目標

近年各国で導入されてきたインフレ目標ですが，導入当時の期待とは裏腹に，現実には目標値の達成がなかなか難しいこともわかってきました。特に日本では，2013年4月における量的・質的金融緩和の導入当初は2年間でインフレ目標2%を達成すると明言したにもかかわらず，2019年11月現在でもまだ達成できていません。

このような状況が長く続けば，そもそもインフレ目標値の意義が曖昧になり，期待される政策効果もなくなってしまう恐れがあります。そこで，通常考えられているような物価水準の前年比としてのインフレ率を目標値とするのではなく，数年間のインフレ率の平均値に対して目標値を設定するという案があります。

この**平均インフレ目標**では，物価水準目標と同様，過去に目標値を下回った場合にはその後に目標値よりも高いインフレ率を達成することが要求されますから，履歴効果を通じた一種のコミットメント効果が得られると考えられます。また，物価水準よりもインフレ率のほうが一般に理解されやすいことから，実行に移しやすいという面もあります。

## Working　調べてみよう

最近の総裁記者会見の前後で，金融市場（国債金利，為替レートなど）にどのような変化があったのかを調べてみましょう。また，なぜそのような動きをしたのかを，そのときの総裁記者会見要旨や金融政策決定会合の公表文を読んで考えてみましょう。

## Discussion　議論しよう

1．フォワードガイダンスでは将来の政策をある程度約束するわけですが，そのメリットとデメリットは何でしょうか。

2．近年の中央銀行は，物価水準ターゲティングや名目 GDP ターゲティングは採用していません。なぜインフレ・ターゲティングだけが広く採用されているのでしょうか。

# 第13章 日本とアメリカの金融危機

Learning Points

▶これまでの章では金融政策に焦点を当ててきましたが，近年では金融政策への注目が集まる一方で，中央銀行のもう１つの役割である「信用秩序の維持」についても改めてその重要性が認識されています。
その理由は，日本やアメリカで発生したバブルおよび金融危機にあります。

▶この章では，日本とアメリカにおけるバブルや金融危機の経緯を振り返りながら，金融市場に内在する不安定性についての理解を深めましょう。

Key Words

**金融危機　クレジットサイクル　クレジットクランチ　証券化商品**
**サブプライムローン危機**

## 1 日本の金融危機
バブル崩壊と貸し渋り

### 1.1 1980年代のバブル

第１章で見たように，バブルとは実際の株価や地価がファンダメンタルズからみて適正な価格から乖離することです。どのようにしてバブルが発生するのかは長らく研究の対象となっていますが，未だに決定打となる理論はなく，そもそもバブルが発生しているかどうかもバブルの最中には判明しません。現在語られている過去のバブル現象は，崩壊してから事後的にバブルであったと判明したケースに過ぎないのです。

バブルかどうかの識別を困難にしている大きな理由は，**自己実現性**です。すなわち，大勢の投資家が株価上昇を信じて株式を購入すれば実際に株価は上昇し，それが「正しい」ファンダメンタルズをも押し上げることで，結果的に適正な株価になり得ます。逆に，大勢の投資家がファンダメンタルズと株価の間にギャップがあることに気づく（信じる）と，株価は調整されてバブルは崩壊します。

### 1.1.1 クレジットサイクル

株式や土地に代表される資産価格の変動は，資産効果を通じて消費に影響を及ぼすことはすでに述べました。実はもう１つ，資産価格の変動によってもたらされる重要な現象があります。

株式や土地などの資産は，財・サービスと違ってその価値が長い期間にわたって保たれることから，銀行借入における**担保**としても広く使用されます。担保があると，もし借り手が逃げたり返済不能になったりした場合でも，銀行は担保として提供された資産を売却することによって資金を取り戻すことができます。

そのため通常の借入契約では，借入額以上の価値を持つ資産を担保として銀行に差し出すことを要求されます。つまり，いくら借りたくても担保価値以上の資金は借りられないわけですが，これを**借入制約**と呼びます。

重要なポイントは，この借入制約が資産価格の変動に大きな影響を受けるという点です。例えば，ある企業が保有している土地の価格が上昇すると，担保としての価値も上がるので，銀行から提示される借入可能額が上昇します。すると，企業は以前よりも多くの資金を確保することができ，設備投資を増やしたり従業員を増員することが可能になります。

このような借入制約の緩和が多くの企業で生じると，国全体の設備投資および生産量が増加し，景気の拡大につながります。こうして生み出された景気の拡大は，それ自体が再び資産価格の上昇をもたらしますから，さらに借入制約を緩和させ，再び設備投資が増加します。

資産価格の上昇は，借入制約の緩和を通じて景気を拡大させ，それがまた資産価格の上昇を誘発する，というフィードバック現象を発生させるのです。こうしたフィードバック現象は，**クレジットサイクル**とも呼ばれます（図表

**図表13－1 ▶▶▶クレジットサイクル**

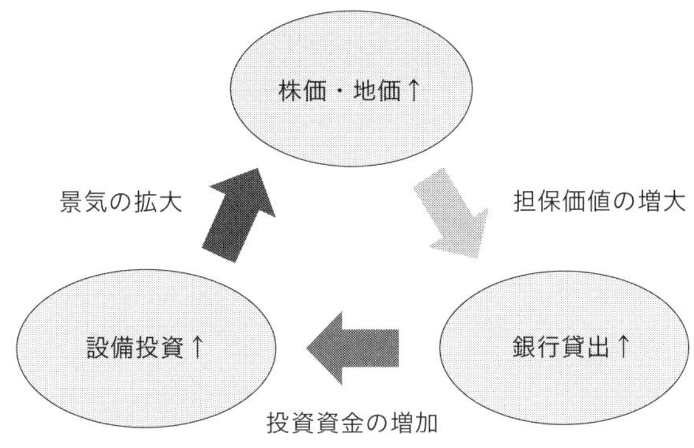


13－1）。

クレジットサイクルは，借入制約というミクロ現象と，景気変動というマクロ現象の間に発生するフィードバック現象であるという点に本質的な特徴があります。

## 1.2 バブル崩壊と貸し渋り

日本の80年代のバブル期は，地価の急上昇を受けて土地を担保とする銀行貸出が増加の一途をたどりました（第1章：**図表1－4**）。資産価格の上昇を受けて景気が拡大し，それがまた資産価格を押し上げるという状況は，まさにクレジットサイクルそのものだといえます。

この時期は銀行貸出が大きく増加しましたが，資産価格が下落しない限りは担保価値が保たれますから，仮に貸し倒れになったとしても銀行は痛みません。バブル当時には地価は絶対に下がらないという「土地神話」が蔓延しており，銀行は十分な審査をすることなく競って貸し出すという状況でした。

結局，1990年に入ってバブルは崩壊し，株価に続いて地価も下落を始めたことで土地神話は崩壊します。バブル期の銀行は地価が下がらない前提で大量に貸し込んでいましたから，バブル崩壊後は地価の下落によって大きな貸倒れ損失を出しました。借り手が返済不能になると，担保の土地を売却しても資金が回収できなくなり，巨額の不良債権を抱えることになったのです。

### 1.2.1 自己資本規制

第7章でも述べましたが，銀行に対しては，自己資本を十分積むように定めた**自己資本規制**が適用されます。これまでのルールでは，国際的に活動する銀行に関しては8％，国内活動のみの銀行は4％以上の自己資本比率が必要でした（最新のルールについては複雑ですので次章で説明します）。

ここでいう自己資本比率を簡単に書くと，次のようになります。

| **自己資本比率　＝　自己資本 / 貸出等リスク資産** |
|---|

典型的な民間銀行のバランスシートの構成は，図表13－2のようになっています。注意すべきは，自己資本比率の分母はバランスシートの資産全体ではなく，国債などの安全資産を除いたリスク資産の額のみが計上されるという点です。

自己資本規制は，損失を吸収するために必要な自己資本を確保するという主旨のため，損失を発生させるリスクの著しく低い資産については自己資本比率の計算には入れなくてよいことになっています。

ここで，貸し倒れの発生によって自己資本が減少したとしましょう。このとき自己資本比率を一定値以上に維持するためには，次のどちらかの方法をとならければなりません。

①自己資本を積み増す

**図表13－2 ▶▶▶民間銀行のバランスシート**

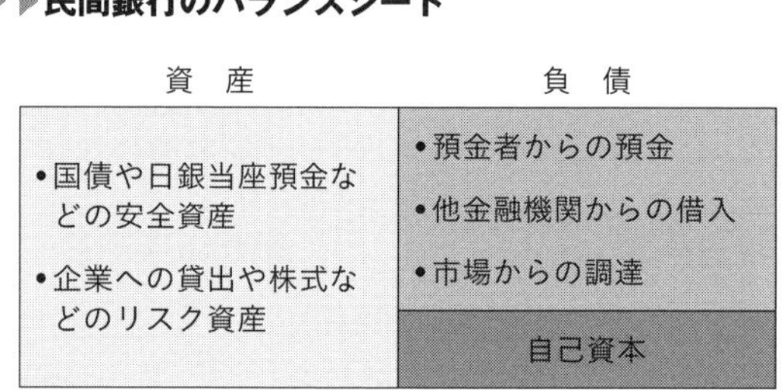

②貸出などのリスク資産を減らす

このうち①について，バブル崩壊によって株価が大きく下落する状況においては，新株の発行によって自己資本を調達することは非常に困難です。その場合，実質的に銀行が選択できる方法は②しかありません。

当時，「**貸し渋り**」や「**貸し剥がし**」といった言葉がメディアで頻繁に使われていましたが，銀行が貸さなくなった背景には，自己資本比率を維持したいという銀行の思惑がありました。

自己資本規制に起因する貸し渋りは，不景気時においてさらに景気を悪化させる要因となるため，非常に大きな問題となります。バブル崩壊後長い期間にわたって不景気が続いた1つの要因は，この貸し渋りにあるとも考えられています。こうした自己資本規制の問題点とこれに対する近年の対策については，次章でもう少し詳しく見ていくことにします。



## 1.3 1997年の金融危機

不良債権の増加に伴う銀行貸出の停滞は，設備投資の減少を通じて景気を悪化させ，それがまた株価の下落や不良債権の増加を引き起こしました。バブル期に発生したものとは逆の，負のクレジットサイクルが発生したわけです。

こうしたなか金融機関の体力は消耗していき，1997年11月には三洋証券，北海道拓殖銀行および山一証券が破綻します。三洋証券の破綻は，コール取引における初めての**デフォルト**（**債務不履行**）となり，コール市場は大混乱に陥りました。

コール市場でどこかの金融機関が破綻すると，その破綻先に資金を出している金融機関は損失を被ります。ところが，外部からはどの金融機関同士が資金のやりとりをしているかはわかりませんから，破綻の影響を受けた金融機関がどこなのかもわかりません。そのため，金融機関同士がお互いに疑心暗鬼になり，多くの金融機関が新規の取引を躊躇してしまいます。

実際，北海道拓殖銀行や山一証券の破綻は，三洋証券の破綻の影響によって資金調達が困難になったことが引き金になったと考えられています。三洋証券はそれほど大規模な金融機関ではなかったにもかかわらず，都銀と大手証券会社を破綻させるきっかけになったのです。

しかも，破綻の影響を受けるのは必ずしも金融機関だけに限らず，例えば損失を被った銀行から資金を借りていた企業の資金繰りにも支障をきたす可能性があります。もしそうであれば，最初に破綻した三洋証券とは一見何の関係もなさそうな企業の破綻にもつながりかねませんから，銀行は企業に対する貸出についても消極的になります。

さらには，金融機関自身の資金調達についても不確実性が高くなりますから，貸出に回すよりも流動性の高い安全資産を手元に置いておこうとするでしょう。こうしてリスクをとる金融機関が減ることで金融市場全体が萎縮した状態に陥ると，本来は安全なはずの企業の資金調達コストが上昇したり，新たな資金調達が困難になってしまいます（**図表13－3**）。

1997年11月のように，資金の出し手側の理由で急激に貸出が減少する現象を，**クレジットクランチ**（**信用収縮**）と呼びます。また，金融機関の破綻をきっかけとしたクレジットクランチに端を発し，実体経済の急激な景気悪化が引き起こされることを，一般に**金融危機**と呼びます。

**図表13－3 ▶▶▶企業の調達金利とコールレート**

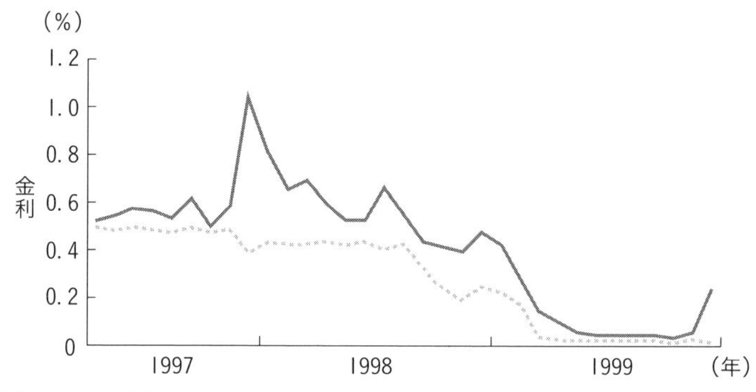


出所：日本銀行（各種マーケット関連統計）。

## Column　Fed ビュー vs. BIS ビュー

日本銀行もアメリカのFRBも，バブル崩壊後に発生した金融危機による景気悪化に対し，大規模な金融緩和を行って景気の回復を図りました。しかし，そもそもバブルに対して中央銀行はどのように対処すべきなのでしょうか。

この問題ついては，2つの見方があります。1つ目は，バブルが発生したかどうかは崩壊してみなければわからないので，バブル崩壊後に事後的に金融緩和を行えば良いという考え方です。FRBの多くのエコノミストがこのような見方をしていることから，これをFedビューと呼びます。

実はアメリカの金融危機以前，アメリカのエコノミストの多くが，「日本の金融緩和が過小だから景気回復しないだけで，適正な金融緩和策を行えばバブル崩壊後の景気回復は可能だ」といった議論をしていました。

2つ目の見方は，バブル発生の兆しがあった時点で引き締め政策を行い，バブルの巨大化を事前に防ぐべきだとする考え方です。これは**BISビュー**と呼ばれる見方です。

確かに，日本でもアメリカでもバブルが早めに潰されていれば，これほど景気停滞が長引くことはなかったとも考えられます。ただし，経済の好転による資産価格の上昇をバブルと判断して潰しにかかれば，経済成長を無駄に抑えてしまうことになりかねないという問題点があります。

# 2　アメリカの金融危機
住宅バブルとサブプライムローン

## 2.1　住宅バブルとサブプライム問題

アメリカでは，90年代後半頃から住宅価格が上昇を始め，2000年に入ってからはその上昇速度を一段と速めました（図表13－4）。2005年には，当時のFRB議長であったグリーンスパンが「フロス（froth，あぶく）」と表現したように，バブルではないかという懸念も広がっていました。

その後，2006年に住宅価格は上げ止まり，2007年に入ってからは急激に下落を始めました。住宅バブルの崩壊です。住宅価格の急落は，当時のアメリカの低所得者層にとってとりわけ大きな打撃となりました。その理由は，**サブプライムローン**という低所得者層向けの住宅ローンが広く利用されていたからです。

## 2.1.1 サブプライムローン

サブプライムローンは新しい住宅ローン形態の１つで，従来はローンの審査を通らなかったような低所得者や，返済の延滞あるいは破産を経験した人々など，いわゆる**サブプライム層**でもローンを受けることができます。サブプライムローンでは，借入当初の２～３年は低金利で借りることができるため，マイホームの夢をかなえる手段として大きな人気を博しました。

しかし，この好条件にはわけがあります。借入当初の数年を過ぎれば，金利が２倍以上になるという条件がついているのです。もともと低所得の人々にとっては，こうした条件があることで数年後に返済が苦しくなることは目に見えています。

では，なぜそのようなローンが広く受け入れられたかというと，住宅価格の上昇を前提としていたからです。数年後に金利が高くなった時点で，住宅価値が取得時点よりも上昇していれば，それを担保として低金利の住宅ローンに借り換えることができるわけです。

しかし2007年に住宅価格は急落し，担保価値不足によって予定していた借り換えができないケースが続出します。返済も借り換えもできないとなれば，購入した家を手放すしかなく，多くの低所得者層の人々が家を失うこと

**図表13－4 ▶▶▶ S＆Pケース・シラー住宅価格指数**

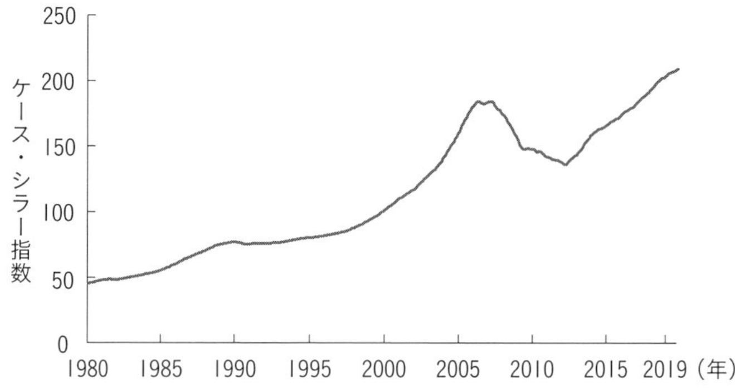


注：2000年1月=100。
出所：Datastream(Standard & Poor's).

になりました。

## 2.2 証券化商品の広がり

サブプライムローンのような新しいローン商品が登場した背景には，**金融工学**の発達があります。金融工学とは，高度な数学を用いて金融資産のリスク管理を研究する学問分野です。

近年の金融工学の発達は，株や債券および住宅ローン債権といったもともと存在する個別金融商品をベースにして，さまざまな派生商品を生み出してきました。**証券化商品**もその１つで，**資産担保証券**や**不動産担保証券**などが代表的です。資産担保証券についてはすでに説明しましたが，不動産担保証券も基本的な仕組みは同じです。

投資銀行などの金融機関は，複数の住宅ローン債権や不動産投資から得られる金利等収入をうまく組み合わせることで，安定した収益を得られるような１つの新たな「証券」を作ります。これを**証券化**といいます。投資銀行等は，こうして作成された不動産担保証券を販売することで利益を得ると同時に，次の新たな不動産担保証券を作成するための投資資金も獲得することができます。販売を前提としてローンを供給するこうした手法を，**オリジネート・トゥ・ディストリビュート**（originate to distribute：**OTD**）と呼びます。

もともとの住宅ローン債権に関するリスクは，証券化されて販売された時点で買い手に移転されるため，基本的に投資銀行にリスクは残りません。一方で，証券化商品の買い手は複雑に入り組んだ証券化のプロセスまでは確認しませんから，その商品の中にどのような根源的なリスクが組み込まれているのかはわかりません。

そもそも，膨大な数のローン債権が組み込まれているというだけでなく，証券化商品をさらに証券化していることもあり，根本的なリスクがどこから来ているのかを追跡することは困難です。投資家は，証券化商品のリスクがどこから来ているかを自分で判断する代わりに，ムーディーズやスタンダード＆プアーズといった**格付け機関**が提供する格付けを見て商品のリスクを判断していました。

## 2.3 住宅バブル崩壊とリーマンショック

当然のことながら，サブプライムローン債権も不動産担保証券に多く組み込まれていました。格付け機関は本来リスクの高いこうした商品にも高格付けを付与していたため，サブプライムローン債権が組み込まれた不動産担保証券はよく売れ，またそのことが金融機関にサブプライムローンの提供を推進させました。

この点に関して，リスクの高いローンを供給してもそのローン債権を販売してしまえば銀行側にリスクは残らないため，従来よりもローンの審査が甘くなっていたのではないかという指摘があります。また格付け機関についても，格付け対象の金融機関から格付け料を受け取るため，利益相反によって格付け基準が甘くなったのではないかとの批判もあります。

住宅価格が下落し，サブプライムローン債権の焦げつきが表面化してくると，格付け機関は一斉に不動産担保証券の格下げを行いました。格下げがあること自体，不動産担保証券の取引価格を下げる方向に働きますが，より重要だったのが，証券化商品全般に対する不信感が発生したことです。

金融機関は，自らが保有する証券化商品の中に問題のサブプライムローン債権がどれくらい組み込まれているかがわからないため，危険を回避するために関連のありそうな商品が一斉に売られました。証券化商品の価格は暴落し，そうした商品を多く抱える金融機関は大きな損失を出すことになりました。

その影響で，2008年には名立たる大手金融機関が次々に経営危機に陥ります。大手投資銀行のベアスターンズ（後にJPモルガンチェースに吸収合併），住宅ローン債権の買い取り・証券化を行う政府系のフレディマックとファニーメイ（政府により救済），保険最大手のAIG（政府により救済），および大手投資銀行のメリルリンチ（後にバンクオブアメリカに吸収合併）などが代表的です。

**図表13－5 ▶▶▶アメリカの銀行破綻件数**

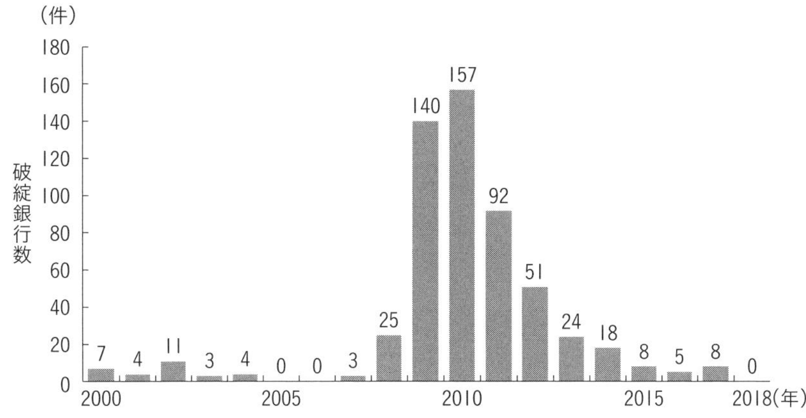


出所：FDIC (Federal Deposit Insurance Corporation).

とりわけ影響が大きかったのが，2008年9月に発生した，全米4位の投資銀行リーマンブラザーズの破綻です。リーマンブラザーズほどの巨大な金融機関が救済されずに破綻したことは，市場参加者に大きな衝撃を与え，金融市場はパニック状態に陥りました。いわゆる**リーマンショック**です。

疑心暗鬼となった金融機関は一斉に資金の放出をストップさせたため，資金調達ができずに破綻する銀行が多数出ました。またそのことが市場参加者の不安を高め，さらに資金の出し手を減らすという悪循環に陥ります。

リーマンショックの影響は，アメリカ国内にとどまらず日本を含めた世界中に及び，1929年の世界恐慌以来となる「100年に一度の金融危機」の引き金となります。

**図表13－5**は，2000年以降のアメリカの銀行破綻件数です。アメリカの銀行数は2019年時点で約5,000行ありますが，リーマンショック当時には8,000行ほどでした。とりわけリーマンショック後の2年間は，全銀行数の2％弱の銀行が破綻しました。2008年以前の破綻件数と比較すると，いかにリーマンショックの影響が大きかったかがわかります。

## Working　調べてみよう

1．日本の金融危機以降に破綻した金融機関や，経営が悪化した金融機関を調べてみましょう。
2．日本の 1997 年の金融危機時と，リーマンショック時における GDP の変化を比較してみましょう。

## Discussion　議論しよう

1．銀行が自己資本比率を維持するために一斉に貸出量を減少させると，マクロの景気を悪化させます。このような事態を回避するためには，どのような方法が考えられるでしょうか。
2．2000 年代のアメリカで，なぜサブプライムローンが急激に広まったのか，その経済的・政治的背景を考察しましょう。

# 第14章 システミックリスクとプルーデンス政策

Learning Points

▶日本とアメリカの経験から得た教訓の1つは，金融危機が発生するとその後も長期間にわたって景気の低迷が続くということです。金融機関が破綻することは，一般企業が破綻すること以上に社会的なコストが大きいといえます。しかし，そもそも日本やアメリカの中央銀行は，こうした事態を起こさないために信用秩序の維持を図るプルーデンス政策を行っていたはずです。

▶なぜ従来のプルーデンス政策は，近年発生したような金融危機を防げなかったのでしょうか。この章では，従来型プルーデンス政策の限界と，近年新たに提示されたさまざまな規制を見ていきましょう。

Key Words

**システミックリスク　プルーデンス政策　マクロプルーデンス　資本増強**
**最後の貸し手**

## 1 システミックリスク 見えざるつながりの顕在化

### 1.1 システミックリスクとは何か

1997年の日本の金融危機では，三洋証券が破綻したことが他の金融機関が破綻する遠因となり，その後の景気悪化の引き金にもなりました。アメリカにおいても，リーマンブラザーズが破綻したことで金融市場がパニックになり，世界的な不況の連鎖を生み出しました。

いずれのケースでも，1つの金融機関の破綻が，金融市場のみならず経済全体にまで影響を及ぼしています。このように，全体から見ればごく一部で発生した出来事の影響が全体にまで広がっていくリスクを，**システミックリ**

**スク**と呼びます。

金融市場では，金融機関同士が膨大な資金取引を行ったり，同じような資産を保有したりすることで，必然的に各金融機関の間に「つながり」が生じます。そうしたつながりは平時には全く意識されず，観察することもできません。いわば「つながり」が隠れている状態です。

ところが，ある金融機関が破綻すると，その影響が思わぬところに現れることで隠れていたつながりが突然表面化することがあります。例えば，破綻した金融機関とは直接取引をしていないにもかかわらず，連鎖破綻を通じて直接的な取引先にまで影響が及び，自らの売り上げも下がったといった場合です。システミックリスクとは，「隠れたつながり」が悪い意味で表面化することのリスクだということができます。

## 1.2 TOO BIG TO FAIL（大きすぎて潰せない）

では，それぞれの金融機関について，破綻した際に市場に与える影響度をどう予測すればよいのでしょうか。比較的小規模の取引しかしていない金融機関であれば，破綻させても問題ないかもしれません。あるいは，規模の大きい金融機関であっても，行っている取引の範囲が狭ければ破綻しても影響は広がらないかもしれません。

破綻後の影響の大きさが，破綻した金融機関のバランスシート規模によって決まるのか，それとも取引数の多さによって決まるのか，もしくは別の要因が重要なのかを明らかにすることは，実は非常に難しい問題です。

金融機関の破綻は，その影響範囲が予測できないほど広いという点において，外部性が発生する例です。外部性が発生する環境では，当該経済主体の自主的な経済活動に任せておくことは最適な選択ではありません。政府や当局が何らかの規制あるいは補助金を設定することで，その市場における外部性を取り除く必要があります。

一般的には，大きな金融機関が破綻するほど金融市場全体に与えるインパクトつまり外部性は大きくなると考えられています。そのため，大きな金融機関が経営難に陥ると，中央銀行や政府が何らかの救済を行うことがあります。こうした状況は“**Too big to fail**（大きすぎて潰せない）”と表現されます。大きな金融機関を破綻させるとその後の影響が大きすぎるため，潰すに潰せないという意味です。

これ以外にも，多くの金融機関とつながっているほうが危険であるという意味で，“**Too interconnected to fail**（つながりすぎて潰せない）”という表現もされます。

自己資本規制を含む金融システム安定化のための国際的なルールは，**国際決済銀行**（Bank for International Settlements：**BIS**）に設置されているバーゼル銀行監督委員会で決定されます。バーゼル委員会では，金融機関の規模や他の金融機関との相互連関性などさまざまな基準を設け，各金融機関について金融システムにおける重要度を算出しています。

バーゼル委員会および**金融安定理事会**（Financial Stability Board：**FSB**）によって金融システム上重要であると認定された銀行は，**G-SIBs**（Global Systemically Important Banks）と呼ばれ，その重要度に応じて自己資本を積み増すなどの追加的規制を守る義務が課せられます。なお，銀行以外のシステム上重要な金融機関については，**G-SIFIs**（Global Systemically Important Financial Institutions）と呼ばれます。

## 2 プルーデンス政策
### 金融システム安定化のために

金融市場の安定を維持するためのプルーデンス政策は，マクロ経済の安定化を図る金融政策とは別の政策として考える必要があります。

物価やGDPなどのマクロ経済変数は常に連続的な動きがあるのに対し，金融市場の安定性については，平時は全く問題ないのに突然大規模な問題が発生するといった非連続性に大きな特徴があります。金融市場の安定性を維持するためには，平時からのモニタリングと，問題発生時の迅速な対応の両面から行うことが重要なポイントになります。

## 2.1 金融機関の破綻を防ぐ

金融システムにおける重要な金融機関が実際に破綻しそうになったとき，政府や中央銀行はどのような手段を使ってこれを防ぐことができるのでしょうか。以下では，①**公的資金による資本注入**および②**日本銀行による貸出**の2つの手段を見ていきましょう。

### 2.1.1 公的資金による資本注入

金融機関が持つ資金調達手段には，株式等を発行することで自己資本を増やす方法と，預金者からの預金や債券の発行で負債（つまり借入）を増やす方法があります。このうち負債については返済期限がありますが，自己資本については返済義務がありません。そのため，金融機関に何らかの損失が発生しても，損失額が自己資本の範囲内に収まっていれば理論上は破綻することはありません。

ただし実際には，金融機関が営業を続けるためには自己資本規制を守る義務があり，損失を出すことで自己資本比率があまりに低下すると営業ができなくなってしまいます。営業ができなくなれば破綻してしまいますから，平時から自己資本を十分確保しておく必要があります。また，銀行の自己資本比率の低下は貸し渋りの原因となり，景気悪化の引き金にもなることを考えると，銀行が自己資本を十分に確保することはマクロ経済的な観点からも望ましいといえます。

このような理由から，自己資本比率が大きく低下した金融機関に対しては，金融機関からの申請があれば政府が公的資金を用いて自己資本を増強することがあります。その方法としては，基本的にその金融機関が発行する**優先株**や**劣後債**を買い取る形で資本増強を図ります。

図表14－1は，普通株，優先株および劣後債の違いについてまとめた表です。公的資金による資本増強では基本的に普通株の買取り以外の手段を用いますが，その理由は，普通株式を取得すると政府がその金融機関の株主総会における議決権を有してしまうからです。

**図表14－1 ▶▶▶ 各種証券の違い**

| | 普通株 | 優先株 | 劣後債 | 社　債 |
|---|---|---|---|---|
| 議決権 | ◎ | ▲ | − | − |
| 配当（株式）・金利（債券） | ○ | ◎ | ◎ | ○ |
| 残余財産の分配 | △ | ▲ | ○ | ◎ |

注：評価は高いものから順に◎，○，▲，△

日本では1998年から公的資金による資本注入が開始され，2019年3月時点で，累計12兆円以上の資本増強が行われています。政府が税金を使って金融機関の資本増強を行うことに対して，当初は世論の猛烈な反発がありましたが，結果的にはこの政策が金融市場の安定に大きく貢献したと考えられています。

資本増強によって経営が安定した金融機関については，その後公的資金の返済を順次行っており，税金を投入したからといって必ず国民が損をするわけではありません。2019年3月時点で，未返済の資本は約2,500億円となっており，株価が上昇したことで売却利益が発生したケースもあります。

公的資金の使用は，資本増強のような破綻の予防に対してだけでなく，実際に破綻した金融機関の処理の際にも用いられます。例えば，破綻した金融機関を吸収する受け皿金融機関に対して支払われる「**金銭贈与**」や，金融機関の保有する不良資産を買い取る「**資産の買取り**」などです。このうち「金銭贈与」については全額が損失となりますが，「資産の買取り」では資本増強と同様に利益が発生することもあります。

### 2.1.2 日本銀行による貸出

破綻の予防策としては，政府による公的資金の投入とは別の手段として，日本銀行による緊急貸出制度があります。これは**特融**とも呼ばれます。日本銀行の貸出は資本増強と違って返済義務がありますが，銀行の**預金取り付け**が発生した場合など，一時的な流動性不足による混乱を防ぐ上では有効な手段だと考えられます。

本来であれば，金融機関は金融市場において自力で資金調達をすべきですが，風評被害等でそれが困難になることがあります。そのような場合においても，中央銀行が最後には貸してくれるという安心感があることで，金融市場が落ち着く効果が見込まれます。このような中央銀行の役割を，**最後の貸し手**（lender of last resort：**LLR**）といいます。

### 2.1.3 モラルハザード

経営難の金融機関を救済することは，本来はそれ自体が目的ではなく，金融システムの安定という目的のための手段にすぎません。しかし，金融機関の救済が慣例化してしまうと，大きな金融機関は，「うちはシステム上重要な金融機関だから損失を出しても救済されるはずだ」といった皮算用をする可能性があります。そうなると，過度のリスクをとったり過剰な投資を行ったりと，資産運用のリスク管理が疎かになりかねず，モラルハザードの問題が発生します。

ならば，政府や中央銀行が「絶対に救済しない」と事前に公約したらどうでしょうか。その場合でも，実際に大きな金融機関が破綻する際になれば，政府や中央銀行にとっては救済することが最適な選択肢になりますから，そのような公約には時間整合性がなく，おそらく信用されません。逆にもし信用されたとしたら，その場合はシステミックリスクが大きく高まってしまいます。

金融機関の救済におけるモラルハザードの問題は解決が非常に難しく，未だに決定的な手立てがありません。そんな中，１つの方法として提案されているのが**リビングウィル**という方法です。この方法は，健全な金融機関に対して，将来破綻した場合の処理法などをあらかじめ記載させるというものです。あらかじめ破綻処理計画を明らかにしておくことで，破綻時の混乱を回避すると同時に，破綻を招くような過剰な投資行動を自重させる効果が期待されています。

## 2.2 ミクロプルーデンス政策

前節までは，金融市場が不安定化するリスクに直面した際の政策を中心に説明してきました。ここからは，平時におけるプルーデンス政策に焦点を当てましょう。

### 2.2.1 日本銀行の「考査」と金融庁の「金融検査」

信用秩序の維持を図る上で平時において大事なことは，信用不安の芽がないかを常にチェックし，もしあれば早めに摘み取ることです。日本では，日本銀行の行う**考査**や，金融庁の行う**金融検査**がその役割を担っています。

考査と検査の最大の違いは，考査には行政権限がないことです。金融機関は日銀考査を拒否しても法的な罰則はありません。しかし実際には，考査を受け入れる契約を日本銀行と結んでいることに加え，考査を拒否すると日銀当座預金口座を解約される可能性が生じるため，拒否することはありません。

日本銀行の考査も金融庁の検査も，金融機関に実際に立ち入ることで詳しい経営状態を把握したり，リスク管理体制を確認したりしています。また，立ち入りを行う考査や検査以外にも，電話や面談で経営状態をチェックする**オフサイトモニタリング**も行っています。

こうした監視制度は，個別の金融機関が健全な経営を行うことが金融市場全体の安定化につながるという発想に基づいており，これを**ミクロプルーデンス政策**といいます。

## 2.3 マクロプルーデンス政策

素直に考えると，個別の金融機関が健全であれば，その集合体である金融システムも安定していると考えられます。ところが，2000年代後半に発生したアメリカの金融危機以来，そうした考え方が疑われるようになっています。

90年代以降のアメリカでは，金融工学の発展をうけてリスク管理技術が急激に高度化していきました。こうした技術進歩は個別金融機関の保有するリスクを低下させますから，全体としての金融システムも非常に安定した状態だと多くの人々は考えていました。ところが，住宅価格が下落し，サブプライムローンのデフォルトが発生し始めると，システミックリスクが急速に顕在化したのです。

### 2.3.1 ミクロの集合≠マクロ

なぜ，ミクロの金融機関は安定していたにもかかわらず金融システム全体が不安定化してしまったのでしょうか。このことを簡単な例で直観的に考えてみましょう。

いま，個々の金融機関には次のような2種類の戦略があるとします。

戦略A.　リスクを最小化するように資産を分散する

戦略B.　リスクはあるが，他金融機関とは異なる資産を保有する

ここでは，2つの銀行と2つの資産があるケースについて考えましょう。各銀行の戦略を図示したのが**図表14－2**です。このとき，ミクロプルーデ

**図表14－2 ▶▶▶ 資産構成の多様性**

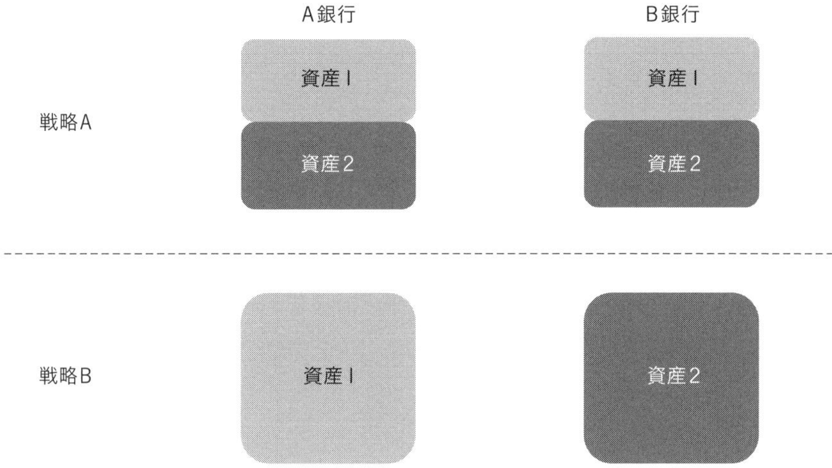

ンスの観点からは，戦略Aが望ましいことは明らかです。保有資産を分散させてリスクを最小化することは，各銀行の損失確率を最小化するからです。

では，戦略Aは金融システム全体にとっても最適でしょうか。重要なポイントは，個々のリスクを最小化するような資産構成というのは，どの銀行にとっても共通だという点です。極端にいえば，すべての銀行が自らのリスクを最小化しようとすると，すべての銀行の資産構成が同じになってしまうのです。

そうなると，個別の銀行だけを見ればリスクは低いですが，市場全体では非常に偏った資産構成になっているという事態が発生します。その場合，どこかの銀行がもし破綻するときは，他の銀行も一斉に破綻することを意味します。資産構成が似通った状態になることは，その資産構成自体の安全性にかかわらず，非常にシステミックリスクが高い状況だとも考えられるのです。

### 2.3.2 資産構成の多様性

このように考えると，個別のリスクは高くても，システミックリスクの観点からは戦略Bが望ましい可能性も出てきます。なぜなら，個別銀行の破綻が，他の銀行の破綻と同時に発生する確率が小さくなるからです。

システミックリスクを低減させるためには，個別のリスクを見るだけでなく，市場全体の資産構成に多様性を持たせることが重要です。ミクロプルーデンスを追求することは，必ずしもシステミックリスクを低減させるとは限らないのです。

アメリカの金融危機以降こうした問題意識は急速に広まっており，金融市場全体の動きを踏まえた**マクロプルーデンス政策**の必要性が叫ばれるようになっています。

## 2.4 自己資本規制の問題点とバーゼルⅢ

銀行が保有する自己資本がリスク資産額の一定割合以上でなければならないとする自己資本規制は，代表的なプルーデンス政策の1つです。自己資本というバッファーを十分に確保することで破綻のリスクを抑える目的で導入されましたが，他方では，自己資本比率を達成するために貸し渋りが発生するという弊害もあります。

この問題がやっかいなのは，自己資本比率を維持するための貸し渋りは，貸し倒れが多くなる景気悪化時ほど発生しやすいという性質があることです。景気が悪化したときに貸し渋りが起こると，設備投資や住宅投資が減少することを通じてさらに景気を悪化させてしまいます。逆に景気が上向きの状況では，自己資本が増加してさらに貸出が増え，景気を過熱させてしまう懸念があります。

言い換えると，自己資本規制には景気の変動幅を増幅させるような効果があるということです。これは**プロシクリカリティ**（procyclicality）と呼ばれる性質です。

### 2.4.1 バーゼルⅢ

プロシクリカリティをどう防ぐかという問題は，国際的な金融規制を決めるバーゼル委員会でも早急に改善すべき問題の1つとして受け止められています。**バーゼルⅢ**と呼ばれる最も新しいバーゼル委員会の規制では，後述のように，プロシクリカリティを防ぎつつ市場の安定化を図るための新たなルールも追加されています。

なお，バーゼルⅠは1998～2007年，バーゼルⅡは2007～2013年にそれ

**図表14－3 ▶▶▶バーゼルⅢにおける自己資本規制**

| 名　称 | 定　義 | バーゼルIIIによる下限 |
|---|---|---|
| 総自己資本比率 | 総自己資本 / リスク資産 | 8% |
| TierⅠ比率 | TierⅠ資本 / リスク資産 | 6% |
| 普通株式等TierⅠ比率 | 普通株等TierⅠ資本 / リスク資産 | 4.5% |
| 資本保全バッファー | 普通株等資本 / リスク資産 | 2.5% |

ぞれ施行された国際的な金融規制の呼び名です。2013年からはバーゼルⅢに順次移行し，2019年に完全実施の予定になっています。

バーゼルⅢでは，これまでのように自己資本比率8％以上を達成することに加え，さらに3種類の自己資本比率を達成することが要求されています。とりわけ，Tier 1と呼ばれる資本性の高い自己資本が十分確保されていることを要求している点に特徴があります。

詳細は**図表14－3**のようになっています。資本性が高い順に，普通株等資本→普通株等Tier1資本→Tier1資本となりますが，バーゼルⅢではそれぞれについて最低水準が設定されています。なお，Tier1資本にTier2と呼ばれる劣後債などの資本を加えたものが総自己資本になります。

さらにバーゼルⅢでの新たな試みとして，**カウンターシクリカル資本バッファー**が導入されました。**カウンターシクリカル**（countercyclical）とは，「景気循環を抑制するための」という意味です。

カウンターシクリカル資本バッファーは，自己資本規制のプロシクリカリティを防ぐ目的で導入されたルールで，各国の金融規制当局の判断によって，景気の動向を見ながら上記の自己資本比率規制を一部調整できるというルールです。具体的には，**総与信・GDP比率**を判断材料とし，銀行貸出がGDPに比べて大きくなっていれば自己資本比率の最低ラインを上昇させます。

最低ラインが上昇すると，銀行は分母のリスク資産を小さくする必要がありますから，行き過ぎた貸出を防ぎ，景気の過熱を抑える効果が期待されます。逆に貸出が低迷している状況では，自己資本比率の最低ラインを下げることで，分母のリスク資産が増加しやすい環境をつくります。

**図表14－4**を見ると，日本における総与信・GDP比率はバブル期には明確な上昇トレンドがあったことがわかります。逆に97年の金融危機以降は，貸出の伸びが低下したため急激に低下しています。また，アメリカでもリーマン危機が発生した2008年辺りにピークがあり，金融危機の悪化に伴って低下しています。

バーゼルⅢでは，総与信・GDP比率を参照指標として，普通株等Tier1

**図表14－4 ▶▶▶総与信・GDP比率**

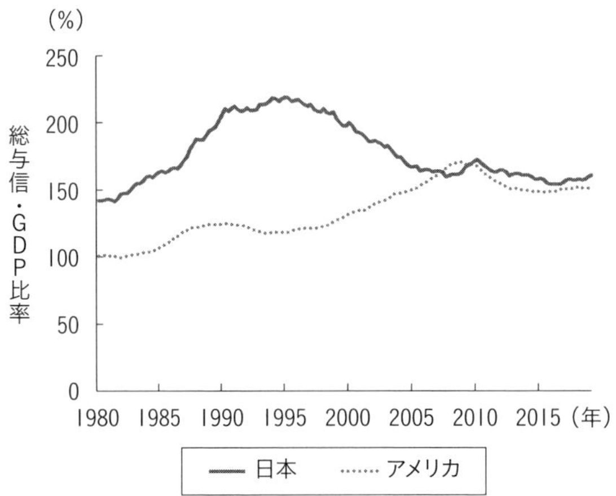


出所：BIS "Credit-to-GDP gaps".

比率を0～2.5%の間で調整することを提案しています。ただし，総与信・GDP比率を指標とするのはあくまでもバーゼル委員会による現段階における指針であり，システミックリスクを評価するための絶対的な指標ではありません。システミックリスクの研究は近年急速に発展してきており，参照指標については今後も継続的に見直しがされていくと考えられます。

### 2.4.2 流動性規制

前述のように，ある金融機関が破綻すると金融市場全体が疑心暗鬼に陥り，新規の資金貸借がストップすることがあります。そうなると，通常時であれば楽に資金調達できた金融機関も一時的に資金を調達できず，手持ち資金が不足して破綻してしまう可能性もあります。平時であれば，リスクの高い資産でもそれをすぐに売却することで資金を手に入れることが可能ですが，金融市場の混乱時にはリスク資産の買い手はなかなかつきません。

一方で，国債のような安全資産を保有していれば，金融市場が混乱していてもそれを売却することで資金を得ることが可能になります。金融市場がパニック状態に陥ったり，預金の大量引き出しなどに直面したりしてもある程度耐えられるように流動性を確保しておくことは，金融機関の危機管理として非常に重要です。

近年バーゼル委員会は，流動性不足による金融市場の混乱を防ぐ目的で，新しい**流動性規制**を提案しました。流動性規制は，大きく２種類に分けられます。

１つ目は，金融機関に対して流動性の高い資産を十分に保有させるルールです。具体的には，30日間のストレス下における多めの資金流出にも耐えられるように，流動性の高い資産を保有しなければならないというものです。式で書くと次のようになります。

$$\frac{\text{適格流動資産}}{\text{30日間のストレス下の資金流出額}} \geqq 100\%$$

この式の左辺を，**流動性カバレッジ比率**（Liquidity Coverage Ratio：**LCR**）と呼びます。このルールは，金融機関に流動性の高い資産（適格流動資産）を十分に保有させることで，資産売却による資金確保が柔軟に行えるような状態を維持させておくことが目的です。

### Column　ベイルアウトとベイルイン

金融機関の経営が悪化したとき，公的資金による資本注入などで政府が救済に入ることを**ベイルアウト**（**bail out**）と呼びます。ただし，ベイルアウトは納税者の負担につながる可能性があることに加え，モラルハザードの問題が発生します。

そこで近年では**ベイルイン**（**bail in**）という方法が注目されています。ベイルインとは，納税者など金融機関の「外部者」に負担をかけるベイルアウトとは違い，金融機関に対して貸出や出資を行った「内部者」に対して負担を求める点に特徴があります。

具体的には，金融機関の経営が悪化した場合に，対象となる債務（劣後債や優先株など）の一部帳消しや株式化を行うことにより，その金融機関の健全性を回復させます。なお，バーゼルⅢにおける「その他Tier1」や「Tier2」といった資本には，そうしたベイルインの対象となるものしか計上できません。

ベイルインを行うことをはじめから想定して発行された債券は，**ベイルイン債**と呼ばれます。ベイルイン債は金融当局が経営不安を認めると普通株式に転換され，その場合債権者は損失を被ります。

もう１つの流動性規制は，安定的な資金調達先を確保しておかなければならないとするルールです。金融機関の資金調達手段はいろいろとありますが，実は調達資金の安定性はさまざまです。例えば，他の金融機関からの借り入れによって調達した資金は，金融市場が混乱するとすぐに引き上げられてしまう可能性が高くなります。一方で，個人や企業などからの預金によって調達された資金は比較的安定的で，急に引き出される確率は低いのが特徴です。

調達先によって異なる資金の安定性を考慮し，安定的な調達先の比率を十分高くしなければならないことを規定したのが，以下のルールです。

$$\frac{\text{利用可能な安定調達額}}{\text{所要安定調達額}} > 100\%$$

この式の左辺を，**安定調達比率**（Net Stable Funding Ratio：**NSFR**）と呼びます。分母の所要安定調達額とは，貸出や保有資産額などをリスクに応じて加重和をとったものです。分子の安定調達額は，さまざまな資金調達先について安定性に応じたウェイトをつけ，それらを足し合わせたものです。

流動性カバレッジ比率については，資金不足になったときにすぐに売却できる資産を保有させるためのルールですが，もう一方の安定調達比率は，そもそも資金不足にならないようにするためのルールだといえます。

このような２種類の流動性規制を設けることによって，リーマンショック時のように金融市場全体で流動性が枯渇する事態を防ぐ効果が期待されます。

## Working　調べてみよう

1．バーゼル委員会による G-SIBs の認定基準を詳しく調べてみましょう。
2．現時点で公表されている G-SIBs には，どのような銀行が認定されているのか調べてみましょう。

## Discussion　議論しよう

1．実際にミクロプルーデンスがうまく機能しないケースとして，どのような具体例が考えられるでしょうか。
2．ベイルアウトとベイルインについて，それぞれのメリットとデメリットを議論しましょう。

# さらに学びたい人のために


### 金融政策全般について

- 白川方明［2008］『現代の金融政策―理論と実践』日本経済新聞出版社。
- 日本銀行金融研究所編［2011］『日本銀行の機能と業務』有斐閣。
- 酒井良清・榊原健一・鹿野嘉昭［2011］『金融政策（第３版）』有斐閣。
- 白川方明［2018］『中央銀行：セントラルバンカーの経験した 39 年』東洋経済新報社。

### 第１章

- 翁　邦雄［2013］『日本銀行』筑摩書房。
- 八代尚宏［2013］『日本経済論・入門―戦後復興からアベノミクスまで』有斐閣。
- 福田慎一［2015］『「失われた 20 年」を超えて』NTT 出版。

### 第２章～４章

- 福田慎一［2013］『金融論―市場と経済政策の有効性』有斐閣。
- 内田浩史［2016］『金融』有斐閣。
- 藤木　裕［2016］『入門テキスト金融の基礎』東洋経済新報社。
- 家森信善［2018］『ベーシック＋（プラス）金融論（第２版）』中央経済社。

### 第５, ６章

- 高橋　亘［2002］「金融調節と金融政策」『三田学会雑誌』95 巻１号，93-109 頁。
- 日本銀行金融市場局［2008］『日本銀行の金融市場調節』2008 年６月。https://www.boj.or.jp/research/brp/ron_2008/ron0806b.htm/
- 東短リサーチ株式会社編, 加藤出編集代表［2019］『東京マネー・マーケット（第８版）』有斐閣。

### ▶第7章

- 宮尾龍蔵［2006］『マクロ金融政策の時系列分析―政策効果の理論と実証』日本経済新聞社。
- 沖本竜義［2010］『経済・ファイナンスデータの計量時系列分析』朝倉書店。
- 蓮井康平・小林照義［2013］「金融市場と金融政策の波及経路」『国民経済雑誌』207巻2号，65-78頁。
- 宮尾龍蔵［2016］『非伝統的金融政策―政策当事者としての視点』有斐閣。

### ▶第8章～12章

- 翁　邦雄［2011］『ポスト・マネタリズムの金融政策』日本経済新聞出版社。
- 翁　邦雄［2013］『金融政策のフロンティア―国際的潮流と非伝統的政策』日本評論社。
- 湯本雅士［2013］『金融政策入門』岩波書店。
- 高橋　亘［2013］「金融政策と中央銀行―経済と経済学の間」『国民経済雑誌』208巻6号。
- 日本銀行ホームページ『日本銀行の「独立性」と「透明性」―新日本銀行法の概要』https://www.boj.or.jp/about/outline/expdokuritsu.htm/

### ▶第13章

- 安孫子勇一［2006］『知っておきたい金融論―バブル後日本の金融の大きな変化』晃洋書房。
- 岩田規久男［2009］『金融危機の経済学』東洋経済新報社。
- マイケル・ルイス著，東江一紀訳［2010］『世紀の空売り―世界経済の破綻に賭けた男たち』文藝春秋。

## ▶第14章

●大山　剛［2011］『バーゼルⅢの衝撃―日本金融生き残りの道』東洋経済新報社。

●白塚重典［2011］「中央銀行の政策運営におけるマクロプルーデンスの視点」『金融研究』30巻3号。

●みずほ証券バーゼルⅢ研究会編［2012］『詳解　バーゼルⅢによる新国際金融規制』中央経済社。

# 索　引

## 英数



## あ



## か

## さ

## た



## な



## は

## ま



## や



## ら

## ▶著者紹介


小林 照義（こばやし てるよし）

神戸大学大学院経済学研究科教授

1976 年岐阜県生まれ。2004 年名古屋大学大学院経済学研究科博士後期課程修了。博士（経済学）。

*International Journal of Central Banking, Journal of Banking and Finance, Journal of Economic Dynamics and Control, Nature Communications, Scientific Reports* などに論文多数。

金融政策（第 2 版）

2015年 2 月20日　第 1 版第 1 刷発行
2019年 8 月25日　第 1 版第 6 刷発行
2020年 2 月10日　第 2 版第 1 刷発行
2024年 3 月25日　第 2 版第 7 刷発行

著　者　小　林　照　義
発行者　山　本　継
発行所　㈱ 中 央 経 済 社
発売元　㈱中央経済グループパブリッシング

〒101-0051　東京都千代田区神田神保町1-35
電話　03（3293）3371（編集代表）
03（3293）3381（営業代表）
https://www.chuokeizai.co.jp
印刷／文 唱 堂 印 刷 ㈱
製本／誠　製　本　㈱





＊頁の「欠落」や「順序違い」などがありましたらお取り替えいたしますので発売元までご送付ください。（送料小社負担）

ISBN978-4-502-33201-2 C3034